本书为国家社会科学基金青年项目"城镇化进程中社会心态的隧道效应研究"(21CSH045)的阶段性成果。

智能社会与社会治理
—— 心理学丛书 ——

天下为公

社会变迁视角下
中国民众的公平感

张衍 著

FOR A FAIR
WORLD

THE SENSE OF FAIRNESS OF
CHINESE PEOPLE IN THE PERSPECTIVE OF
SOCIAL CHANGE

中国社会科学出版社

图书在版编目（CIP）数据

天下为公：社会变迁视角下中国民众的公平感 / 张衍著. —北京：中国社会科学出版社，2024.5（2024.12重印）

ISBN 978-7-5227-3534-4

Ⅰ.①天⋯　Ⅱ.①张⋯　Ⅲ.①平等—研究—中国
Ⅳ.①D621.5

中国国家版本馆 CIP 数据核字（2024）第092983号

出 版 人	赵剑英
责任编辑	黄　丹　魏厚宾
责任校对	韩天炜
责任印制	王　超

出　　版	中国社会科学出版社
社　　址	北京鼓楼西大街甲158号
邮　　编	100720
网　　址	http://www.csspw.cn
发 行 部	010-84083685
门 市 部	010-84029450
经　　销	新华书店及其他书店
印刷装订	三河市华骏印务包装有限公司
版　　次	2024年5月第1版
印　　次	2024年12月第2次印刷
开　　本	710×1000　1/16
印　　张	12
字　　数	171千字
定　　价	66.00元

凡购买中国社会科学出版社图书，如有质量问题请与本社营销中心联系调换
电话：010-84083683
版权所有　侵权必究

《智能社会与社会治理心理学丛书》
序　言

　　社会秩序的稳定和社会的有效运行需要社会治理。虽然社会治理的思想伴随于人类发展的整个过程，但是社会治理的概念和理念却相对比较新。"治理"（governance）是30多年前西方提出来的概念，"社会治理"（social governance）则是这个概念的中国化，这是一个认知不断演化的过程。2012年，"治理"一词以"国家治理体系和治理能力现代化"的表述出现在中央文件中；2018年，党的十八届三中全会用"社会治理"取代了"社会管理"，虽然只有一字之差，却代表着理念上的深刻变化；2019年，党的十九届四中全会提出"社会治理共同体"的概念，认为社会治理的目标是"建设人人有责、人人尽责、人人享有的社会治理共同体"。

　　社会治理是政治学、社会学等学科的核心主题，但是对于心理学却是一个新的议题，社会心理学也是如此。心理学界讨论"社会治理"的文献基本上出现在近十年之内，在这之前与社会治理最相关的研究主题是"社会心态"。2006年10月《中共中央关于构建社会主义和谐社会若干重大问题的决定》中提出，要塑造"自尊自信、理性平和、积极向上的社会心态"。国家"十二五"规划纲要提出"弘扬科学精神，加强人文关怀，注重心理辅导，培育奋发进取、理性平和、开放包容的社会心态"，把培育和引导社会心态纳入国家政府执政纲领，标志着当代社会治理关注社会心理问题的开始。

　　国家治理中关注心理问题的思想还可以追溯到孙中山，在《建国方略》

中他明确提出了国家治理的三大建设，其中之一就是"心理建设"。孙中山指出："夫国者，人之积也。人者，心之器也。国家政治者，一人群心理之现象也。是以建国之基，当发端于心理。"他认为国家是建立在国民心理上，人心是立国的根本，国家的巩固要以人心为基础。

在迈向中国式现代化的今天，人的现代化、社会治理中的心理问题已经成为核心问题，必须直接面对。2016 年，我在国家社科基金重大项目指南中的一个选题是"社会治理中的心理学问题研究"，我在检索国内心理学和社会治理相关的研究时发现，已有的研究基本上属于社会治理相关问题的研究，而缺乏关于社会治理本身的研究，也就是缺乏对社会治理心理学机制的探索。于是，我就把指南中的题目改为"社会心理建设：社会治理的心理学路径"，当然，这个题目是受孙中山"心理建设"思想的影响。2022 年，这个课题以优秀等级结项，我提出社会治理心理学的两条路径：一是社会心态引导的路径，二是社会场域治理的路径。成果纳入我自己主编的《社会心理建设丛书》中分两部出版，这两部著作的名称分别是《社会心理建设：社会心态培育的路径》和《社会心理建设：社会场域治理的路径》。我认为心理学，特别是社会心理学，在社会治理中并不是可有可无的角色，而是在社会治理中可以起到非常重要作用的。无论是在社会治理的体系层面，还是在社会治理的政策层面，社会心理学都可以发挥积极的作用。这些年我们团队在这方面做了许多探索，包括早期社会心态的研究，都聚焦于获得感、幸福感、安全感、美好生活需要等国家治理核心政策中提及的概念。我们用社会心理学的方法进行研究，分析其中的机制，提出政策建议，连续十多年出版了《社会心态蓝皮书》，出版了《社会心理建设丛书》，所有的研究主题都聚焦于社会治理。如今，社会治理共同体的提出不仅明确了社会治理多元主体的形态，更重要的是明确了社会治理共同体内在的心态。社会心理学在社会治理共同体的建构中可以发现很多重要的研究主题，发挥不可替代的作用。

2023 年是非常重要的一年，以大语言模型 ChatGPT 为代表的通用人工智能突破性发展，带来了新的工业革命，意味着狩猎社会、农业社会、工业社会、信息社会之后智能社会这一新的社会形态已经到来。而在智能社会的治理中，心理学将发挥比以往更大的作用。从人的智能研究到人工智能的研究，从人作为主体的社会治理到人工智能下人作为客体的社会治理，将会有更多的问题需要心理学来解决。可以预见，其也将与政治学、社会学比肩于社会治理领域。

因此，在迈向智能社会的当下我们需要新的社会心理学，我们需要调整我们的研究方向。除了继续关注社会治理和体系创新中的心理学问题外，还将关注社会在科技创新推动下的转型和变迁，更关注人工智能带来的社会心态和社会行为的变化和发展，这也是我们推出《智能社会与社会治理心理学丛书》的意图。未来，我们将主要出版社会治理心理学、智能社会心理学，以及智能社会治理的心理学的原创性成果，我们希望更多的心理学家关注中国社会治理的心理学问题，为中国社会治理提供更多有价值的智力产品。

王俊秀

2024 年 3 月 10 日

序

公平对于一个社会无疑是非常重要的，每个人都渴望自己被公平对待，公平因此也就成为社会追求的目标和社会治理的方向。然而，公平又是一个极其复杂的问题，什么是公平？怎样才算公平？如何实现公平？这些问题困扰着中外不同历史时期的社会治理者和智者，直到今天依然是不同学科研究者关注的主题，他们围绕着公平，以及相关的公正、平等、正义等概念提出不同的理论，进行着大量的实证研究。其中不平等问题一直是社会学、经济学、政治学等领域的核心议题，这些学科从财富的分配和公共物品的占有等角度来考察不同国家、不同地区、不同群体的不平等状况和变化。

缩小和消除不平等成为人类的共识和努力的目标，然而，贫富差距仍在扩大，经济的不平等在加剧，这已经成为全球的现状和趋势，消除不平等成为人类的巨大难题。中国在经历了40多年的改革开放后消除了绝对贫困，并提出了共同富裕的政策，力图率先解决这一人类难题。但是，面对贫富差距加大的社会张力，一个突出的问题就是社会的公平感危机。我们知道，共同富裕并非"均富"，贫富差距依然会长期存在，在不平等依然存在的情况下如何让社会成员感到公平？这个问题就转变为一个社会心理学问题，人们如何理解"共同富裕"？如何理解共同富裕与"均富"的不同？人们愿意接受多大程度的不平等？这是我们关注和研究公平感的原因，也是我们公平感研究努力要回答的问题。

公平感研究是不同于社会学、经济学、政治学的平等、公正、正义等议题的研究，而是社会心理学取向的，是一种社会心态的研究。张衍博士的著作《天下为公：社会变迁视角下中国民众的公平感》正是这样一部对于公平感进行系统和深入研究的佳作，也是对公平感的概念、影响因素和历史变迁等进行系统研究的第一部著作。这部著作是典型的社会心态研究，也就是我们团队这些年采用的宏观社会心理学范式。

公平感也是我们社会心态指标体系中一个重要的指标，我一直鼓励我们团队中的每个成员都能对社会心态的某一个指标进行深入研究（团队已经完成的有获得感、美好生活需要等）。张衍博士当时选择博士后出站报告的研究主题正是公平感，这部著作就是她在出站报告基础上不断修改完成的。张衍的本硕博都就读于华东师范大学心理学院，博士的方向是临床心理学，她在博士后期间转向社会心态研究，从这部著作的完成度来看是大大超出我的预期的。从心理学转向社会心态研究，把习惯的个体心理学视角转向宏观社会心理学、社会学视角是极其困难的。张衍博士这几年非常努力地从社会学、经济学、社会心态研究中汲取营养，不仅开阔了研究视野，而且在短短几年时间就有了新的成长，作为合作导师的我是非常欣慰的。

在这部著作中，张衍博士对公平感的变迁给出了自己的思考和解释，与前人的权威理论展开对话，提出了"扩展的隧道理论"，这是难能可贵的。张衍博士是一个极其用功的年轻学者，是那种把研究作为志业的学者。我期待她在未来的科研道路上不断成长、不断进步，取得更多更好的成果！

王俊秀

目录

第一章 导论 // 1

第二章 何谓公平感 // 6

    一 "均"的中国语境 // 6

    二 公平与平等、公正和正义的辨析 // 8

    三 公平感的基本概念、结构和测量方式 // 11

        本章小结 // 13

第三章 公平感的六大影响因素 // 14

    一 社会经济发展对公平感的影响 // 14

    二 社会经济地位对公平感的影响 // 15

    三 社会政策对公平感的影响 // 18

    四 社会比较对公平感的影响 // 19

    五 社会流动对公平感的影响 // 20

    六 影响公平感的心理过程 // 20

        本章小结 // 23

第四章 | 公平感的变迁 // 25

一 公平感的总体变迁 // 25
二 不同群体公平感的变迁 // 27
　本章小结 // 35

第五章 | 扩展隧道效应：一个综合的社会经济发展分析框架 // 36

一 原隧道效应与扩展隧道效应 // 36
二 应用扩展隧道效应解释城乡居民公平感趋同 // 40
　本章小结 // 48

第六章 | 结构替换：主导群体变化带来的公平感变化 // 49

一 城镇化、城乡收入差距和城乡居民公平感 // 49
二 扩大中等收入群体对公平感的促进作用 // 57
三 产业结构调整、工作状况和城乡居民公平感 // 66
　本章小结 // 76

第七章 | 政策改革：惠及群体及其公平感 // 78

一 高等教育扩招与不同受教育程度居民的公平感 // 78
二 社会保障政策与不同参保状况居民的公平感 // 85
三 户籍改革、身份认同与公平感 // 96
　本章小结 // 105

第八章 | 比较扩大：主观地位认同的中介作用 // 106

一 迁移和务工经历与主观地位认同和公平感 // 107
二 互联网发展与主观地位认同和公平感 // 112
　本章小结 // 121

第九章 社会流动：提高公平感并增强正向隧道效应 // 122

  一 代际教育和职业流动与公平感 // 122
  二 微观和宏观流动感知与公平感 // 132
    本章小结 // 139

第十章 文化价值观变迁：市场化改革背景下的公平感 // 140

  一 市场化改革与社会平等 // 140
  二 市场化改革、归因和公平感 // 142
  三 市场化改革、公平观和公平感 // 145
    本章小结 // 149

第十一章 如何持续提高民众公平感？ // 150

参考文献 // 154

附录 分时期 CGSS 样本特征 // 168

后记 // 178

第一章　导论

习近平总书记对"十四五"规划编制工作作出重要指示:"十四五"时期如何适应社会结构、社会关系、社会行为方式、社会心理等深刻变化,实现更加充分、更高质量的就业,健全全覆盖、可持续的社保体系,强化公共卫生和疾控体系,促进人口长期均衡发展,加强社会治理,化解社会矛盾,维护社会稳定,都需要认真研究并作出工作部署(习近平,2020)。公平感变化是一个应该给予特别关注的问题,也是一个社会心态监测中需要深入研究的问题。

20世纪80年代,邓小平提出"先富带后富"的共同富裕理念,"十四五"规划重新明确了共同富裕的社会目标(杨立雄,2022)。其中,"共同"对应着公平、正义和平等(徐飞,2022;朱富强,2022;杨立雄,2022;郁建兴、任杰,2021;钟春平、魏文江,2021;魏传光,2022)。作为心理学、社会学、经济学、政治学等学科的重要议题(俞可平,2017;李培林,2020),平等(equality)一般指的是一种无差别的结果或状态,而公平则是一个程序和过程的概念(俞可平,2017)。在一定意义上,关涉社会稳定和社会治理方面,社会公平感这一主观指标比社会平等这一客观指标更为重要,对于广大民众来说平等并没有客观的衡量指标,更多是主观的感受。例如哪怕社会不平等程度高,但是民众觉得是公平的,也不容易爆发社会骚乱或社会运动;但是哪怕社会完全平均,如果民众不觉得公平,也有可能爆发社会动乱。因此,研究社会公平感的群体差异及其时期变化,有助于维护并促进社会稳定。

中国社会正在经历巨大变革，社会结构替换、比较范围扩大、社会流动率变化、社会政策改革和文化变迁等，导致中国民众社会心态和公平感的变迁，影响民众公平感的因素也在发生变化。隧道效应理论（Hirschman，Rothschild，1973）认为，在社会发展初期，快车道对慢车道具有带动作用，不会降低公平感；但当社会发展到一定水平，若差距继续增大，慢车道上的民众则会开始怀疑有不公平发生，公平感下降，造成社会不稳定，甚至引发社会灾难。改革开放使中国进入高速前行的快车道，但近些年，中国经济进行结构调整，GDP增速由高速换挡至中高速，很多人担心，中国经济能否成功转型，能否避免陷入"中等收入陷阱"（冯仕政、李春鹤，2022；李培林，2017a）。在中国经济已经发展到一定水平的时候，民众的公平感发生了怎样的变化？

本书以社会变迁为视角，但是所有研究和讨论范围均是在社会心理学的学科框架之下，开展的社会学和心理学的交叉研究，将微观与宏观相结合、客观与主观相结合、多种影响因素相结合，涵盖了中国社会近几十年主要的社会变迁层面，如城镇化、扩大中等收入群体、户籍改革、互联网发展等，能较为全面地了解中国社会变迁及其心态变化。

全书分为十一章。第一章是导论，主要介绍本书的框架；第二、第三章介绍了公平感的相关概念和影响因素；第四章从总体和不同群体角度分析了公平感的变迁；第五章至第十章分别分析了社会经济发展、结构替换、政策改革、比较扩大、社会流动、文化价值观变迁在不同阶段对不同群体公平感的影响。第十一章针对研究发现，提出了提高中国民众公平感的四个建议。

本书的实证研究内容主要集中在第五章至第十章，它们是关于公平感影响因素的分析，从动态的角度分析了影响因素本身的变迁对公平感造成的影响，并在此基础上进一步分析了影响因素效力的变化，这是以往的研究较少考察的。针对每个影响因素，本书分别探讨了2—3个具体原因及其影响路径和边界条件，但是根据影响因素的不同特点，分析思路有所差异。第五、第六章主要涉及的是宏观影响因素，重点在分析宏观因素的互动。在第五章首先介绍了笔者提出的扩展隧道效应，并根据其中所包含的经济发展、经济增速和收入不平等的关系进行了验证。第六章将扩展隧道效应与结构替换相结合，进一步探讨了在不同经济增速水平下，结构变化对公平感的影响。第七章至第十章主要涉及的是个体影响因素，因此主要探讨的是这些因素通过什么机制对公平感产生影响。但是因为在隧道效应假设中，社会流动是其基础，故在第九章进行了微观和宏观的结合。

本书采用的主要数据来源于中国人民大学的中国综合社会调查（CGSS）2010年、2011年、2012年、2013年、2015年、2017年、2018年和2021年18—70岁的样本，并根据逻辑检验，剔除个人职业/劳动收入大于个人总收入、个人总收入大于家庭总收入、个人迁移年限长于个人年龄的样本，共获得有效样本73679份，其中，2010年10739份（14.58%），2011年5041份（6.84%），2012年10469份（14.21%），2013年10194份（13.84%），2015年9395份（12.75%），2017年10584份（14.37%），2018年10611份（14.40%），2021年6646份（9.02%）。全部样本特征如表1-1-1所示，分时期的样本特征见附录。

表1-1-1 本书主要用于分析的样本特征（CGSS 2010—2021）

变量	N	平均数	标准差	最小值	最大值
公平感	73679	3.08	1.05	1	5
男性	73679	0.48	0.50	0	1
年龄	73679	46.08	14.04	18	70
18—20岁	73679	0.03	0.17	0	1
21—30岁	73679	0.14	0.35	0	1
31—40岁	73679	0.18	0.39	0	1
41—50岁	73679	0.23	0.42	0	1
51—60岁	73679	0.22	0.42	0	1
61—70岁	73679	0.19	0.39	0	1
东部地区	73679	0.41	0.49	0	1
中部地区	73679	0.38	0.49	0	1
西部地区	73679	0.21	0.40	0	1

续表

变量	N	平均数	标准差	最小值	最大值
城镇	73657	0.62	0.48	0	1
农业户口	73449	0.56	0.50	0	1
非农户口	73449	0.31	0.46	0	1
居民户口（以前是非农户口）	73449	0.07	0.26	0	1
居民户口（以前是农业户口）	73449	0.05	0.22	0	1
居民户口	73449	0.01	0.08	0	1
受教育年限	73607	9.29	4.52	0	19
小学及以下	73607	0.32	0.46	0	1
初中	73607	0.30	0.46	0	1
高中	73607	0.20	0.40	0	1
本专科	73607	0.18	0.38	0	1
研究生	73607	0.01	0.11	0	1
少数民族	73618	0.92	0.27	0	1
有宗教信仰	73555	0.11	0.31	0	1
共产党员	73496	0.10	0.30	0	1
已婚	73651	0.80	0.40	0	1
健康状况	73627	3.60	1.09	1	5
目前没有工作	73657	0.35	0.48	0	1
目前务农	73657	0.22	0.41	0	1
目前从事非农工作	73657	0.43	0.50	0	1
非农工作ISEI编码	30314	43.02	15.08	16	90
家庭人均年收入的对数	65005	9.42	1.57	0	16.12
主观地位认同	73142	4.20	1.70	1	10

其中，公平感的测量在CGSS中的题目："总的来说，您认为当今的社会公不公平？"回答为1"完全不公平"，2"比较不公平"，3"说不上公平不公平"，4"比较公平"，5"完全公平"。对所有样本，以城乡、区域、性别、年龄、受教育程度、收入、职业和主观地位认同等进行群体分析。其中，城乡变量按常住地和户籍两种方式分为城镇/非农户口居民和

农村/农业户口居民，户籍类型还包括居民户口；区域为常住省份，并分为东部、中部和西部地区；性别分类为男性和女性；年龄在连续变量基础上，另分为18—20岁、21—30岁、31—40岁、41—50岁、51—60岁、61—70岁六个年龄段；教育程度有两种方式，一是转换为受教育年限，二是分为小学及以下、初中、高中、本专科和研究生五类；收入为家庭人均年收入，使用家庭年收入除以家庭人数获得。职业分为目前没有工作、务农和从事非农工作三类，非农工作中的职业编码在2010—2015年采用的是ISCO88编码，2017年后采用的是ISCO08编码，将它们都转换为国际社会经济地位指数（ISEI）。主观地位认同的测量使用的是阶梯法，题目为"您认为您自己目前在哪个等级上？"，回答为1—10分，1代表最底层，10代表最高层。其他变量如婚姻状况、民族、宗教信仰和政治面貌等，均转换为0、1二分变量。

本书所用分析方法主要为多元线性回归、分层线性模型、中介和调节效应分析等。为排除其他因素的影响，在分析中加入了控制变量，多数情况下控制变量为年份、省份、性别、中心化后的年龄、中心化后年龄的平方、受教育年限、民族、宗教信仰、政治面貌、健康状况、工作状况、家庭人均年收入的对数、户口状况和居住地类型，根据自变量和因变量的情况，控制变量可能有所变化，在文中均有注明。纳入某个控制变量的统计意义是，在此变量维持不变的情况下，因变量对自变量的影响。文中有时会通过此逻辑进行结果解释，对定量分析不太熟悉的读者可参考伍德里奇（2018）的著作。

第二章　何谓公平感

"不患寡而患不均"是几乎每一个中国人可以脱口而出的古语，本章先分析了"均"的中国语境，从而对公平与平等、公正和正义的概念区别进行了辨析，并由此引出公平感的基本概念，以及研究公平感的重要性。本章还论述了公平感的结构和基本测量方式，以帮助读者对什么是公平感有一个大致的了解。

一　"均"的中国语境

社会学家什托姆普卡认为不同的社会过程因其时代、社会事件等不同而表现为不同的社会变迁形态，从社会发展的角度可以考察其是否有发展和进步（什托姆普卡，2011）。然而，社会发展并不一定意味着社会进步。一些学者认为西方社会的经济发展没有带来相应的社会进步，是一种"扭曲的发展"，典型的表现是收入和财富分配严重偏斜（米奇利，2009）。经济不平等被称为"一种危险且不断增长的不平等"（沙伊德尔，2019）。

《World Inequality Report 2018》（World Inequality Lab, 2017）显示，美国收入前10%人群的收入占美国国民收入的比重从20世纪70年代的不足35%上升到2000—2010年的45%—50%；而中国收入前10%人群的收入占国民收入的份额从1980年的不足30%上升到2016年的41%。国家之间、地区之间、不同群体之间都存在不平等，除了个人财富，教育程度、个人

第二章 何谓公平感

权利等也体现出不平等。不平等引发了诸多社会和心理健康问题，消除不平等是一个全球性的难题。但是，平均主义又不一定符合民众的公平观，也不一定会提高公平感（刘欣、胡安宁，2023）。

孔子说过"不患寡而患不均"，中国历史上曾多次发生以"均贫富"为口号的大规模农民起义。何蓉考察了中国历史上"均"的含义，认为"均"与平等思想有所差异（何蓉，2014）。她指出，先秦时期"均"是明确的等级秩序，贵贱高低不同，所得惠利、所负义务就有所不同。例如，在《礼记·祭统》中有参与者依其贵贱各得其惠的说法："是故，贵者取贵骨，贱者取贱骨。贵者不重，贱者不虚，示均也。惠均则政行，政行则事成，事成则功立。"她认为孔子在《论语·季氏》所言"有国有家者，不患寡而患不均，不患贫而患不安。盖均无贫，和无寡，安无倾"中，"均""安"是与"寡""贫"相对的概念，"均"体现的是在分配层次上达成社会和谐的目的。与孔子的思想类似，孟子思想中的"均"也并非绝对平均，而是在既定等级秩序下整体上的合理、有度（何蓉，2014）。

但是，佛教进入中国之后，带给中土以超出人伦秩序的平等观念，在一定程度上影响了唐宋以后中国社会的平等思想。平等的预期形成了，离妄灭执的涅槃境界的目标却被搁置，拯救要在此世实现，在社会上形成了对于等级、差异的道德义愤、对于等级制度的浪漫主义的破坏冲动（何蓉，2014）。从唐朝中后期开始，农民起义中许多是以"均贫富"的绝对平均主义为主张唤起民众参与的，如北宋王小波的"吾疾贫富不均，今为汝均之"，明朝李自成起义喊出"等贵贱，均田免粮"的口号（张宜民，2020）。类似地，当近代西方文明进入中国时，平等一词也被灌注新意加以应用，而西方平等思想中的自然法基础、人的基本权利等内容却被遮蔽了。何蓉认为，当全然西化的平等语言被广泛应用时，内里发挥持久影响的，却仍是基于"均"的传统社会正义观（何蓉，2014）。

可见，"均"和平等在中国语境下，既包括关注人伦秩序和社会团结的部分，又包括强调分配结果的平均主义的理想。何蓉认为，这两方面既相互牵制又相互损害，酝酿着社会骚乱或社会运动的种子（何蓉，2014）。

她的此种观点是从历代农民起义运动出发得出的结论。然而，这并不一定是必然的。过往研究发现社会不平等增加，中国民众的公平感并不一定降低；相比城镇居民，农村居民拥有更积极的社会心态。这有可能是因为中国民众的等级秩序观念对不平等有着更高的接纳度，但是什么时候不平等将变得不能忍受？根据何蓉对中国历史上"均"的梳理（何蓉，2014），此问题又可转换为，什么时候民众的平等更偏向于接受等级秩序和差异，什么时候民众的平等更偏向于平均？这些都涉及公平感的问题。

二 公平与平等、公正和正义的辨析

社会公平体现了人类共同的价值追求，是衡量社会进步的重要尺度（李迎生，2019）。实现公平、正义是民众的需要，也是社会治理的目标。中国把平等和公正作为社会主义核心价值观之一。平等、公平、公正和正义是心理学、社会学、政治学等学科的重要议题，但是俞可平认为，在中国语境中，它们的关系也最为复杂从而歧义最大（俞可平，2017）。

平等（equality）的一般意义，指的是一种无差别的结果或状态。但是，根据上述梳理，它在中国语境下包括等级秩序和平均两重含义。在全球范围内，平等经历了从早先强调自由和人权的政治平等，扩展到强调资源和福利的经济平等，进而扩展到了强调机会平等和能力平等的社会平等（俞可平，2017）。俞可平认为，现代的平等应当是人们拥有"社会基本品"的平等（俞可平，2017）。这是一种综合的平等，既包括传统的基于民主权利和人格尊严的政治平等，也包括基本资源和福利的经济平等，还包括重要机会和基本能力的社会平等。那么，"什么样的平等是可以接受的"，以及"在实现平等的过程中，如何才能避免新的不平等？"就直接关系到政治学的另外两个基本概念，即"公正""公平"。

在现代汉语中，"公正"有广义和狭义之分。广义的"公正"即公平正义之简称，通常对应于英文的"justice"（常译为"正义"）；狭义的"公正"大体等同于"公平"，指的是"公平正直，没有偏见"或者"公道正派，没有私心"。通常对应于英文的"fairness"（常译为"公正"或"公平"）和"impartiality"（通常亦译为"公正"或"不偏不倚"）。狭义的"公正"或"公平"，在古汉语中就已存在。"公"指无私，尤指公共利益；"平"指无偏袒，尤指一视同仁；"正"亦指不偏不斜，尤指恰当合适。在现代汉语中，"公平"作为一种道德要求和品质，指按照一定的社会标准（法律、道德、政策等）、正当的秩序合理地待人处事"；而"公正"指的是"从一定原则和准则出发对人们行为和作用所作的相应评价；也指一种平等的社会状况，即按同一原则和标准对待相同情况的人和事"（俞可平，2017）。

在英语文献中，无论是"fairness"还是"impartiality"，均是一般的语词，并非重要的政治学或伦理学概念。英文的"fairness"有两个基本含义：一是指一种平等的和公平的状态、性质和条件；二是指不偏不倚的公正品质或态度。"impartiality"则主要指没有偏见或不偏不倚。自从约翰·罗尔斯在1985年首次发表《作为公平的正义》（Justice as Fairness）一文，特别是在其后的《正义论》一书发表后，"公平"与"正义"两个概念在西方学术界便被不可分割地联系在一起，并且开始受到学术界的关注（约翰·罗尔斯，1988）。按照罗尔斯的观点，公平与正义是不可分割的，公平（fairness）是按照相同的原则分配公共权利和社会资源，将平等的结果和公平的程序完美结合起来的理想状态便是社会正义（俞可平，2017）。如果平等是一个状态和结果的概念，那么公平则是一个程序和过程的概念。

因此，在某些条件下，平等是公平的，不平等是不公平的；而在另外一些情况下，不平等是公平的，平等反而是不公平的。党的二十大报告指出，中国式现代化是"全体人民共同富裕的现代化"，而"分配制度是促进共同富裕的基础性制度"。对于什么样的分配方式是公平的，许多学者提出了他们的观点。罗杰斯提出了两大原则：一是作为公平的正义原则，即每个人对与其他人所拥有的最广泛的基本自由体系相容的类似自由体系都应有一种平等的权利；二是差异原则，即社会的和经济的不平等应这样安排，使它们被合理地期望适合于每一个人的利益，并且依系于地位和职务向所有人开放（罗杰斯，1988）。罗杰斯认为第一原则先于第二原则。

亚当斯和罗森鲍姆提出的公平法则从社会交换和社会比较理论出发，强调通过比较自身的投入产出比和其他对象的投入产出比来判断是否公平（亚当斯·罗森鲍姆，1984）。

英国政治哲学家戴维·米勒的社会情境多元正义观将社会情境应用到社会正义原则的追求上（米勒，2005）。他认为人类的关系有三种基本模式：工具性联合体讲求绩效公平原则、共同的公民身份追求平等和无差别原则、社会团结的群体关系追求弱者优先的保障公平。因此，这三种关系对应着三种不同的公平原则：能力应得、无差别均等和按需分配。类似地，莫顿·多伊奇定义了四种分配公平原则：赢者通拿、比例公平、无差别均等和按需分配（Deutsch，1975）。他认为前两者分配原则有助于促进生产力，属于竞争模式；后两者分配原则有助于促进社会和谐与社会福利，属于合作模式。从这个角度来看，这几种分配原则只是侧重点不同，并无好坏之分。但是，汤姆·泰勒批评多伊奇这种仅关注于分配的公平观，认为这是在假设人们只在有限的，与个人利益有关的领域内，才关注公正问题（Tyler，2012）。

J. Thibaut 和 L. Walker 提出了程序公平理论，即在资源分配过程中所使用的程序、过程的公平性（Thibaut, Walker, 1975）。R. J. Bies 和 J. S. Moag 随后提出互动公平，即在组织程序的进行中，个人对人际沟通、人际互动的敏感性（Bies, Moag, 1986）。J. Greenberg 将互动公平分为人际公平和信息公平，前者指的是人格和尊严上的是否被尊重，后者指的是是否被传达了应有的信息，得到了一些合情合理的解释（Greenberg，1986）。在此基础上，泰勒认为人们在互动时，更重视人际公平，其次是程序公平，最后才是分配公平（Tyler，2012）。他基于社会认同理论，提出了权威关系、群体价值和群体参与三个模型。这三个模型都旨在说明，人们更在乎的不是结果，而是过程，如是否得到了足够的尊重、是否信任权威、是否被倾听和被关注等。这些人际和程序公平，将影响人们的社会认同，进而影响社会参与等行为。

中国学者刘欣和胡安宁基于共同富裕愿景认为，分配制度要体现"按劳分配为主体"以"鼓励勤劳致富",体现"按要素分配"来"保护合法收入",同时,还要体现多种分配方式,通过"调节过高收入"来"防止两极分化"(刘欣、胡安宁,2023)。他们将前者称为微观分配正义原则,将后者称为宏观分配正义原则。然而,严格来说,并不是这些公平原则影响人们的认知、情绪和行为,而是人们对公平原则的评价,即公平感在起作用。

三 公平感的基本概念、结构和测量方式

社会公平要求确立一套分配资源和权利的客观标准和程序(俞可平,2017),但是与研究者所讨论的分配原则不同,民众自身存在一套朴素的原则,这反映在公平感上就是民众对社会公平程度的主观评价。

国内的公平感研究始于20世纪80年代后期,并在2000年之后开始受到重视,最初的研究多在讨论组织管理中的公平感(张永山,1992),逐渐转向对社会整体公平状况的评价。不同的学者在讨论公平感时存在差异,有的理解为是对公平的感知(sense of fairness)(刘欣、胡安宁,2016;郑雄飞、黄一倬,2020),有的理解为是对公正的感知(sense of justice,perceived social justice,perception of social justice,justice perceptions)(胡小勇等,2016;薛洁,2007),有的理解为是对平等的感知(perception of equality)(李路路、唐丽娜、秦广强,2012;栗治强、王毅杰,2014)。本书的社会公平感指的是民众对社会总体公平状况的感知,不是对具体某个方面(如收入分配)的公平感,也不是对公正或平等的感知。

根据前述公平原则的不同,公平感的结构也有不同分类方式。最典型的是将公平感分为结果公平感和程序公平感,还有研究者在此基础上引入起点公平感和机会公平感(孟天广,2012;张野、张珊珊、冯春莹,2020;李路路等,2012;梁军、李书轩、从振楠,2020)。刘亚等结合西方学界的组织公平感理论,并加入中国文化要素,构建了公平感四因素模型,分别为分配公平感、程序公平感、领导公平感和信息公平感(刘亚等,2003)。张媛通过对青少年的量表分析,得到了社会公平感结构的五个维

度，分别是制度公平感、弱势公平感、权利公平感、互动公平感和分配公平感（张媛，2009）。李炜在上述结构的基础上，构建了社会公平感的三个维度，分别是经济公平感、保障公平感和政治公平感（李炜，2019）。

这些公平感的结构分类，属于公平感的宏观视角，即社会公平感（perceptions of social fairness，或 perceived societal fairness）（张书维，2017；胡小勇等，2016）。它是对全社会范围内的资源分配状况是否公平合理的评价（李炜，2019；高文珺，2020）。社会学对公平感的研究多采取宏观视角，用大样本问卷调查的方法了解民众对社会整体公平状况的评价（李炜，2019；许琪、贺光烨、胡洁，2020）。一般来说，总体社会公平感或结果公平感采用"总的来说，您觉得社会是否公平"这样的题目进行测量，在全国大型样本调查，如 CGSS、CSS 中都有这个题目。然而，一道题目能否有效反映民众的社会公平感，是有争议的。虽然在方法层面，尚未见对公平感单题测量有效性的研究，但是对主观地位认同测量方法的研究认为，单一题目能比多个题目提供更稳健的结果（Diemer et al.，2013；Hoff, Laursen，2019）。而机会公平感的测量方式则往往与社会流动感知类似，通过询问民众认为自己向上或向下流动的可能性来测量机会公平感（李路路、石磊、朱斌，2018）。

公平感的研究还包括微观视角，微观的公平感则是个人对具体领域里的公平感知，它可以根据具体领域的不同进行分类。比如对收入所得是否公平合理的评价（李莹、吕光明，2019；李骏、吴晓刚，2012；王元腾，2019），以及个人获得教育（孙百才、刘云鹏，2014）、就业（田志鹏，2020）、医疗（何晓斌、柳建坤、张云亮，2020）、媒介使用（朱斌、苗大雷、李路路，2018）等资源的机会是否公平，以及在不同情境下对结果公平和程序公平的评价（张光、Wilking、于淼，2010）。心理学研究更多采取微观视角，集中在组织公平感（周浩、龙立荣，2015；隋杨等，2012），在一定的实验情境下研究公平感（张书维，2017）。也有研究采用发展心理学的视角，发现 6 岁的儿童就开始呈现出对公平的偏好，在分配过程中强调公平（张野、张珊珊、冯春莹，2020）。但是，这些结果主要基于实验心理学的研究（郭秀艳等，2017），一方面其可推论性和生态效度有待检验；另一方面微观的公平感与宏观的社会公平感间存在差异，儿童可能在游戏过程中强调分配公平，但并不一定能对社会整体的公平感有所认知。随着社会心理学对于社会地位问题的关注，也有学者开始关注宏观的社会公平对个体心理的影响（郭永玉等，2015）。

本章小结

在某些条件下，平等是公平的，不平等是不公平的；而在另一些情况下，不平等是公平的，平等反而是不公平的。"什么程度的不平等是可以接受的？"，这涉及公平感的问题。如果平等是一个状态和结果的概念，那么公平则是一个程序和过程的概念。

社会公平要求确立一套分配资源和权利的客观标准和程序，但是与研究者所讨论的分配原则不同，民众自身存在一套朴素的原则，这反映在公平感上就是民众对社会公平程度的主观评价。在一定意义上，关系到社会稳定和社会治理方面，社会公平感这一主观指标比社会平等这一客观指标更为重要。

公平感的结构有不同的分类方式，包括宏观和微观视角。社会学对公平感的研究多采取宏观视角，心理学更多采取微观视角，在一定的实验情境下研究公平感。随着社会心理学对于社会地位问题的关注，也有学者开始关注宏观的社会公平对个体心理的影响。本书的公平感指的是对人们对社会总体公平状况的感受，是宏观的公平感。

第三章　公平感的六大影响因素

本章总结了对公平感有影响的六大因素，包括社会经济发展、社会经济地位、社会政策、社会比较、社会流动和影响公平感的心理过程。这是本书的主要理论框架，后续章节将对这六大因素对公平感的影响进行实证分析，以下是对前人研究的总结。

一　社会经济发展对公平感的影响

许多研究关注于社会经济发展对公平感的影响，其中研究较多的是收入不平等对公平感的影响（凌巍、刘超，2018；方长春，2017；王菲，2013）。尽管平均主义不一定带来公平感，但是经济不平等仍然被称为"一种危险且不断增长的不平等"（沙伊德尔，2019）。学术界将 0.4 的基尼系数视为警戒线，认为超过 0.4 会对经济社会运行和社会稳定产生极大损害（张海东，2019）。

然而，基于 2004 年的全国抽样调查数据，怀默霆发现，虽然改革开放后中国收入不平等程度提高，但民众总体上仍倾向于认为当前的资源分配模式是比较公平的（怀默霆，2009）。吴晓刚的研究发现，虽然中国香港和内地的不平等程度不是世界最低的，但民众的社会公平感较高（Wu，2009）。方长春也发现，中国民众所感知到的收入不平等程度要低于多数市场转型国家，而人们所能接纳的收入不平等程度却高于多数市场转型国家（方长春，2017）。并且纵向数据还表明，在客观收入差距拉大的情况下，中国民众的公平感还逐渐提升了（李炜，2019；魏钦恭、张彦、李汉林，2014）。

此外，还有研究探讨了经济发展对公平感的影响。著名发展经济学家赫希曼等提出的隧道效应认为，在社会发展初期，人们宁可选择经济增长带来的些许收入分配不均（Hirschman，Rothschild，1973）。这点已在其他国家得到了部分验证，例如，在巴西里约热内卢贫民窟的调查发现，尽管他们的生活水平相比五年前并没有显著改善，但他们观察到其他人就业机会的增长，对未来充满信心，并不否认工业化给他们带来的利益（Bonilla，1961）；Senik 对俄罗斯的数据分析发现，其他人收入的增长可能带来更多机会，从而提高幸福感（Senik，2004）。

但是，在经济经过长期增长后开始衰退时，若社会不平等仍然加剧，人们则会开始怀疑有不公平发生，变得愤怒，造成社会不稳定，甚至引发社会灾难（Hirschman Rothschild，1973）。例如，Senik 发现在经济转型期的东欧国家，收入差距与幸福感是正向关系，但是在西欧发达国家，收入差距与幸福感是负向关系，出现负向隧道效应（Senik，2008）。但是，这个研究是以地区差异来模拟不同社会经济发展阶段，并非真正的纵向研究。并且尽管一些研究考虑了新常态或社会转型的因素（凌巍、刘超，2018；王菲，2013），也仅仅是将社会转型当作一个研究背景，未深入分析其对公平感的影响。笔者将在第五章对隧道效应进行扩展，从历时的角度，探究收入不平等和经济发展对公平感的相互作用。

二 社会经济地位对公平感的影响

有研究者从自利的角度讨论社会经济地位与公平感的关系，地位结构决定论即是如此，它认为所处的地位结构塑造了人们的生活情境和机会，从而约束或促进了个体特定的心理和行为（Ng，Allen，2005）。该理论认为，处于不同社会位置的成员会出于利己主义动机而对不平等持不同的看法。具体来说，占据社会优势地位的群体倾向于维护既得利益，因而更可能认可当前的分配状况；与之相反，社会弱势群体更可能认为现有的分配状况是不公平的（许琪、贺光烨、胡洁，2020；马磊、刘欣，2010）。因此，社会经济地位越高，公平感也越高。研究发现，在绝大多数国家，民众对收入不平等的认可程度都与其教育、收入和职业地位正相关（Kelley，Evans，1993；Robinson，Bell，1978）。Gijsberts 的多国比较研究发现，人们的受教育程度和自身收入水平越低，对收入不平等的接纳程度越低（Gijsberts，2002）。也有一些研究表明，即便是在相对富裕的国家，社会经济地位依然会影响到人们对不平等的接纳度（Andersen，Milligan，2009；方长春，2017）。

然而，地位结构决定论在中国却不一定具有适用性，公平感的群体差异研究得出了不一样的结论。李路路指出，相比于其他群体，职业地位越高的群体对收入不平等的接纳程度相对较高，因而更容易产生公平感（李路路，2012）。还有研究发现，职业地位指数越高和主观地位认同越高的群体，社会公平感越高（凌巍、刘超，2018；王菲，2013）。但是，也有研究发现，尽管低社会经济地位的人遭受了更多不平等的待遇，他们却并不一定会更倾向于认为现有资源的分配是不公平的。最有代表性的是怀默霆的研究，他发现相对城镇居民来说，农村居民的公平感却更高（怀默霆，2009）。这一现象在教育不平等中也得到了验证，如孙薇薇和朱晓宇使用 CGSS 2010 的数据研究了受教育年限对收入分配公平感的影响，结果发现教育无法因收入提高而显著增加民众的分配公平感，在同样的条件下，受教育水平越高，分配公平感反而越低（孙薇薇、朱晓宇，2018）。李颖晖利用 CGSS 2005 年的数据发现，受教育水平越高，收入分配公平感越强（李颖晖，2015）。但是这种正向影响存在条件性：教育作为个人地位投资，激发相应的回报期待，随着基于教育投入的期待收入与实际收入差距的扩大，这种正向影响会降低，且受教育程度越高，降低的幅度越大。李骏和吴晓刚同样使用 CGSS 2005 年的数据发现，受教育水平越高，感知到的不平等越高，但是在相同的不平等感知的情况下，受教育水平越高，越赞同更少的不平等（李骏、吴晓刚，2012）。他们还发现，国有企业部分就业者和老年人所认可的不平等程度较低，有平均主义价值观的倾向；地区实际的不平等程度越大，人们对不平等的认可程度越低。他们的研究尝试去解释人们并不一定会根据自己的社会经济地位来判断社会是否公平，相反，人们也可能超越狭隘的利己主义，而关注于整体社会的公平问题。但是，张艳芳等利用CGSS 2015年的数据发现，受教育程度对民众的社会公平感有一种"中庸"式的影响：处于中等教育水平的民众社会公平感更低，没有受过教育的民众和受教育程度在研究生及以上的民众社会公平感更高（张艳芳等，2020）。

不同于客观社会经济地位在结果上的不一致性，主观地位认同间的公平感差异似乎表现出一致性：主观地位认同越高，公平感越高（刁鹏飞，2012；张艳芳等，2020；高文珺，2020）。但这些研究也仍然是从横向的角度，静态分析了公平感的群体差异。然而，社会结构并非一成不变的，李培林认为改革开放近40年来，中国的社会结构发生了深刻变化，这些变化包括工人队伍空前壮大，农民工成为新生力量；农民数量大规模减少，并且日趋分化和高龄化；专业技术人员成为中产阶层的主力；私营企业主成为广受关注的社会阶层；新社会阶层和新社会群体不断产生；等等（李培林，2017b）。施托费尔提出结构替换论，认为宏观水平上的人口结构变化是影响社会态度变迁的主要原因（Stouffer，1955）。例如，随着受教育程度增高，更受后物质主义价值观影响的年轻群体取代年长群体，总体的社会态度倾向性会趋向自由和宽容。在中国，不同户籍类型、所有制、受教育程度、职业和出生世代者，在社会变迁的过程中明显处于社会结构中的不同位置，享有不同的生活情境和机会，因而其社会态度可能不同。但是，随着城镇化、市场化、教育扩招、生产结构调整、互联网普及等一系列宏观社会变迁进程，社会人口结构相应地发生了重要变化。城镇人口、体制外人员、高等教育人口、脑力劳动者等在人口结构中所占的比例越来越大，其态度倾向性对于总人口态度倾向性的影响也越来越大，进而影响了总体态度倾向性的变化，也影响了社会公平感及其群体差异的变化。因此，结构替换如何影响了民众的公平感？本书将在第六章进行分析探讨。

三 社会政策对公平感的影响

景天魁提出，社会保障是社会公平的基础（景天魁，2006）。一些研究从社会政策的角度，分析了它们对社会公平感的影响。例如，公共服务绩效、公平服务满意度、政府工作满意度、公共资源满意度等都是影响社会公平感的因素（张艳芳等，2020）。刘梦借助 CGSS 2015 年的数据，分析了中国养老和医疗两大社会保险对社会公平感的影响发现，中国两大社会保险在对社会公平感有显著的影响，养老保险制度的社会公平效应高于医疗保险制度（刘梦，2019）。但是，杨桂宏和熊煜认为，"双轨制"养老保险会降低社会公平感（杨桂宏、熊煜，2014）。雷咸胜发现，在城乡医疗资源配置不均衡的背景下，城乡居民医保的初步整合难以提升参保居民的公平感，反而降低了农村参保居民的公平感，需要城乡医疗资源均衡配置与城乡医保制度融合发展的协同推进（雷咸胜，2020）。可见，社会政策对公平感的影响结果尚不一致。

此外，政策变化在不同程度上对不同群体可能有不同影响。例如，梅正午和孙玉栋发现，财政透明度对公民社会公平感有显著影响，两者之间呈正"U"形关系：当财政透明度低于 55.17 时，财政透明度的提升会降低公民的社会公平感；当财政透明度大于 55.17 时，财政透明度的提升会增强公民的社会公平感知（梅正午、孙玉栋，2020）。这可能是因为一方面财政透明度可减少腐败，而腐败影响公平感；但另一方面财政透明度会使政府财政行为过多暴露于公众面前，公众会发现更多有关政府财政行为的负面信息，从而降低社会公平感。所在区域、受教育程度和收入对财政透明度和社会公平感间的关系有调节作用。例如，受教育程度高的人，财政透明度的提升能提高公平感；但对于受教育程度低的人，财政透明度的提升未必能提高其公平感。本书将在第七章中以高等教育扩招、社会保障、户籍改革三个政策为例，分析社会政策及其改革对公平感的影响。

四 社会比较对公平感的影响

社会比较理论认为，人们倾向于与周围邻近的人相比较，这又可称为局部比较理论（高文珺，2020），因为它认为人们只会与自己相邻或相近的进行比较。但是，后续的发展认为社会比较也并非邻近地的比较，也可以是与自己认为相似的群体的比较（Wood，1996）；此外，社会比较也可以有全局比较（张文宏、刘飞、项军，2023）。

亚当斯的公平理论就属于社会比较理论（亚当斯·罗森鲍姆，1984）。他认为人作为一种社会性生物，会在社会生活中不自觉地与他人进行比较，而产生是否公平的感知。相对剥夺理论则建立在社会比较理论的基础上，它认为在与参照群体或自身过去比较后，如果个体认为自己所付出与回报是合理的，则倾向于认为社会是公平的；但如果认为自己所付出与回报不合理，则会产生相对剥夺感，从而倾向于认为社会是不公平的。因此，社会公平感并非完全取决于客观的社会经济地位，而是人们比较后主观上的相对剥夺感。

一些针对公平感的研究结果更支持社会比较理论，而非地位结构决定论（马磊、刘欣，2010；高文珺，2020）。但是社会比较理论看上去提供了一个解释，却没有解释产生这些相对剥夺感差异的原因，例如，为什么人们更倾向于做向上比较，而不是向下比较，从而产生相对优越感呢？

除此之外，中国社会的空间流动越来越大，这既表现为区域间的流动，也表现为城乡间的流动。中国城镇化率逐年攀升，越来越多的农村居民来到城镇务工或定居，城乡边界被打破。加之互联网的普及使得地球变成了"地球村"。有学者认为，现代互联网的发展对社会公平及公民的社会公平感产生了负面影响；但也有研究认为，互联网也可能提高公民的社会公平感，如互联网与教育等事业的融合发展。本书第八章将关注于探讨现今比较的范围是否正在扩大，并且会如何影响城乡居民的公平感等问题。

五 社会流动对公平感的影响

一个开放、流动的社会能够提供平等的流动机会，带来更加积极的社会态度（李培林，2020）。社会流动理论认为，如果人们感到向上流动的可能性更大，则公平感更高。社会流动可分为自身流动和代际流动。李路路等发现，代际向上流动能显著提高人们的社会公平感，代际向下流动对社会公平感的影响并不显著，但是向下流动也不会增加不公平感（李路路等，2018）。而自身流动感知的研究发现，向上的社会地位流动预期能显著提高民众的社会公平认知，且对中西部地区民众社会公平认知的影响显著大于东部地区（郑畅、孙浩，2016）。

此外，中国社会流动率在发生变化，对此已有许多研究，但是因为中国社会的特殊性，研究结论并不一致，关于中国社会是否在固化的讨论层出不穷。李路路等发现，中国总体社会流动率逐步提升，但是，代际继承在各个时期都是代际流动的主导模式（李路路等，2018）。特定群体的代际继承优势逐渐下降，不同群体间的循环流动越来越困难。如果社会优势群体利用市场排斥机制实现代际再生产，则未来中国社会将可能产生阶层固化。李春玲的研究发现，城市人（父亲户口为非农户口）接受高等教育的机会是农村人（父亲户口为农业户口）的6.3倍（李春玲，2010）。除此之外，她的研究还发现，父亲的职业地位、文化水平、收入越高，本人接受高等教育的机会就越大。从中可以看到，教育可能具有一定的"继承"效应。这对人们的公平感会有什么影响？随着社会流动率的变化，公平感又将产生什么变化？本书第九章将对此进行研究。

六 影响公平感的心理过程

还有研究者从心理学的角度，提出影响人们公平感的心理过程，可以分为系统公正化理论、归因论和价值观论。系统公正化理论认为，低社会经济地位群体的因为自己所处地位与期望间的认知不协调，从而主观上改变自己的认知，将系统或社会看成是合理的或公平的，以让自己更能接受目前的低地位（Jost，Banaji，Nosek，2004；Jost，Burgess，2000）。但是，此观点将民众看作被动接受的群体，当社会发展到何种程度时，系统合理化将不再起作用？

归因论认为，如果人们将不平等归因于个人，如个人努力、个人绩效等，则公平感越强；但若将不平等归因于社会，如社会政策、社会环境等，则不公平感越强（郑雄飞、黄一倬，2020）。因此，Robert和Cropanzano认为，社会公正的中心问题是责任的认定（Robert，Cropanzano，2011）。当人们处在待遇不公正的情景中时，他们就会认定某个人要为威胁到他们身体或心理健康的行为（或不作为）负责。如果没有人应当被责备，那么也就不存在社会不公。人们采取什么样的归因还可能与价值观有关，例如在集体文化下，人们更可能进行社会化归因，而在个体主义下，人们更可能进行个人归因。但是，怀默霆的研究发现，中国受访者比其他国家的人，更倾向于强调个人才干和勤奋在造成人们贫穷和富裕方面的作用，因此他们的公平感较高（怀默霆，2009）。并且农民更不可能赞成结构性的因素是造成人们成为穷人或是富人的原因，因此他们的公平感高于城镇居民。

E. Miles等人提出公平敏感性（equity sensitivity）的概念，认为人的公平感是稳定且因人而异的（Miles et al.，1994），人们对公平有不同偏好，这种偏好可以用一个连续体来表示。在这个连续体的两端，分别是大公无私（benevolent）和自私自利（entitled）。大公无私的人对不利结果的接纳度更高，自私自利的人对公平感的接纳度更低。这是从个体价值观对公平感差异进行的解释，但未能说明什么样的人更偏好大公无私或自私自利，有无可能集体主义文化的人更偏好大公无私，而个体主义更偏好自私自利。要注意的是，结构决定论也是从自利的角度解释不同群体公平感差异的，但是与公平敏感性理论有区别。结构决定论认为所有人都是自利取向的，且自利不必然降低公平感：高社会经济地位群体的自利导致其公平感上升，低社会经济地位群体的自利导致其公平感下降。

文化论实际上也是从价值观的角度探讨不同文化价值观对社会公平感的影响。文化论认为态度是群体价值观中固有的成分，并在社会化过程中传播，信仰和价值观通过社会化过程传递给社会的所有成员。因此，有研究者将因文化变迁导致的社会态度变迁过程解释为一个大众社会中跨阶层的同时性、全面性的变化（李路路、王元超，2020）。例如，1958—1978年，美国社会中白人对种族态度的变迁大多是跨越所有教育和代际群体的。然而，关于什么是文化，至今存有争议（Clifford Geertz, 1973）。D'Andrade认为，文化是一个习得的意义系统，通过自然语言和其他符号系统来交流，具有象征性的、指示性的和情感性的功能，能创造文化实体和一些现实感。文化意义系统的各方面在不同人群中的分布是不同的，由此产生了家庭、市场、国家等社会结构。文化意义系统既可以是一个非常大的概念，包括了各种不同的观念，也可以是被部分人共享的规范群，还可以是主体间共享的象征性实体。根据他的定义，某些文化意义或价值观并不一定会被社会中的所有人共享，有不同的亚文化或文化圈。因此，不同群体间的文化变迁可能是不同的，从而导致社会态度变迁的差异。

此外，文化变迁对价值观的影响也可能是多重且相互作用的。中国一向被认为是集体主义国家，倡导国家重于集体、集体高于个人的价值观（胡爱莲，2008）。然而，随着中国政治和经济的急剧变革，一些研究者认为，中国社会也在变得更个体化，个体的重要性正在上升，个体也逐渐从传统的阶级、性别、价值观中解放出来，融入新的社会制度中去（Beck, Beck-Gernsheim, 2001）。阎云翔认为中国社会在个体化，其特点是，"对隐私、独立、选择和个人幸福的追求已经普及并逐渐成为一种新的家庭理想"，但他认为这种个体化是"没有个人主义的个体化"，中国农村的年轻村民用"个性"和"个人主义"来为他们自私地、毫不留情地向父母索取资金的行为作辩解（阎云翔，2012）。这与何蓉的观点"当近代西方文明进入中国时，平等一词也被灌注新意加以应用，而西方平等思想中的自然法基础、人的基本权利等内容却被遮蔽了"（何蓉，2014）有相似之处。因此，中国社会的个体化，带来了平等自由的观念，但又未使人们将不平等归因于个体，这可能会降低公平感。高海燕等的研究发现，中国年轻民众和受教育程度更高的民众更重视后物质主义价值观（高海燕等，2022）。因此，不同群体间文化价值观念的差异，有可能是导致他们公平感差异的原因。然而，随着中国社会个体化在不同群体间的渗透以及结构转型，这是否会改变不同群体在公平感上的差异？

另外，市场化假设与个体化假设的观点相反，它认为在比较崇尚市场竞争的自由主义国家（如美国和加拿大），民众对收入不平等的态度相对宽容；而在比较崇尚再分配的福利主义国家（如挪威和瑞典），民众更倾向于认可相对平均的分配原则。但是，许琪等认为，这一假设在中国可能并不成立（许琪等，2020）。在经历了市场化改革后，中国地区之间发展的不平衡性，将影响不同地区民众对公平的主观认知。他发现，地区的市场化程度能够显著提升个体的结果公平感，并削弱机会公平感；2005—2015年间，中国社会市场化程度的提高是导致民众结果公平感上升和机会公平感下降的主要影响因素。谢宇梳理了中国人对不平等的看法，强调中国社会有一定的机制（如政治、文化、舆论、家庭、社会关系等）来调节不平等所带来的社会危害。他认为中国传统的等级制，使得人们更能接受不平等（谢宇，2010）。

总的来说，文化变迁将影响民众的价值观，进而影响公平感，但是这种影响的程度和方向尚不确定，本书第十章将以市场化改革对归因和公平观的影响为例，探究市场化改革是否影响了中国民众的价值观，进而影响了公平感。

本章小结

本章总结了六大对公平感有影响的因素，包括社会经济发展、社会经济地位、社会政策、社会比较、社会流动和影响公平感的心理过程。后续将分六章对这六大因素对公平感的影响进行分析。在这六大因素中，有的对公平感的影响还未达成统一结论，可能存在时期差异。有的因素随着时期的变化，本身发生了改变，可能造成对公平感的影响不同。例如，社会政策的变化；在互联网影响下，社会比较范围的扩大；社会流动率和流动感知的变化；等等。本书将依据影响因素的不同特点，从不同层面进行分析。

第四章 公平感的变迁

从社会变迁的视角，公平感经历了什么变化？不同群体的公平感又经历了什么不同的变化？本章将对公平感的变迁进行总体和分群体的分析。群体划分较为复杂，本章主要分为不同地区、性别、年龄、受教育程度、收入、工作状况和主观地位认同，且有的因素采用了多种分类方法和交叉分析。

一 公平感的总体变迁

无论是微观还是宏观的研究视角，多数研究都是对公平感及其影响因素的静态考察，近年来有学者开始注意到公平感变迁的问题。例如，李炜等关注了公平感结构和公平感总体评价的变化，分析了2006—2017年的CSS数据，发现对社会公平的总体评价在2013年出现下降后又上升（李炜等，2019）；许琪等根据CGSS 2005年和2015年的调查分析了市场化与公平感变化之间的关系，发现民众的结果公平感在十年间有明显提升，机会公平感则出现了明显的下降（许琪等，2020）。王俊秀和刘洋洋通过年龄—队列—时期模型对居民公平感的时代变化进行分析，发现公平感在年龄上呈现"J"形趋势（王俊秀、刘洋洋，2023）；从时期效应来看，2008年公平感较高，2010—2013年在低谷徘徊，2015年以后又开始回升，快速的社会变迁过程影响了居民的公平感。

但是，目前对公平感的研究仍然比较忽视宏观历时性视角，并且较少有研究关注到不同群体社会公平感变迁的差异。对此，笔者仅找到两篇研究，一是李炜利用CSS 2006—2017年的数据发现，社会变迁背景下，不同群体在城乡、受教育程度、收入层级、职业等级、社会保险享有、互联网使用等方面形成的政治公平感、保障公平感和经济公平感上有差异，但是其变迁走向呈现出总体提升且趋同的态势（李炜，2019）；二是李路路和王元超比较了CGSS 2005年和CGSS 2017年的数据，发现年轻人口对收入不均合理性的接纳程度提高格外明显，主导了整体居民接纳程度的提高，而受教育程度较高的机会公平感下降明显，主导了整体居民机会公平感的下降（李路路、王元超，2020）。

本书利用CGSS 2010—2021年的数据，分析公平感的变迁、群体差异及其影响因素。由图4-1-1可见，公平感虽有一些波动，但总体呈现出向上变化的趋势，尤其是在2017年以后，逐年上升。相比2010年，2021年时，公平感均值从2.95分上升到3.41分，上升了0.46分。选择"完全公平"和"比较公平"的比例从37.39%上升到58.46%，上升了约21个百分点；而选择"完全不公平"和"比较不公平"的比例则从37.75%下降到19.12%，下降了约18个百分点。可见，从2010年到2021年，民众的公平感有了较大的提升。

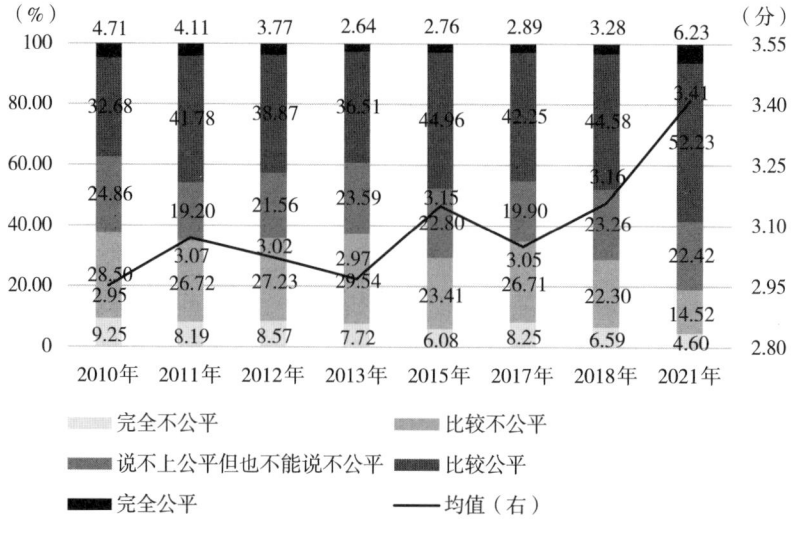

图4-1-1 公平感的各选项和均值的时期变化

第四章 公平感的变迁

考虑到各时期被调查者存在人口学特征上的差异，故特进行控制变量后公平感净时期变化的分析。因为各时期组内相关系数（ICC）为0.017，远小于0.05，说明组间差异很小，这时候使用分层线性回归模型的效果可能不如普通的线性回归模型好（Shrout，Fleiss，1979），因而此处采用的是多元线性回归模型进行分析，将时期作为虚拟变量。图4-1-2可见，与均值的粗时期变化基本一致，2010—2015年，公平感呈现出上升—下降—再上升的倒"W"形，而从2017年开始，公平感不断上升，尤其是2021年，公平感的上升幅度较大，这可能与2020年我国全面实现小康社会、2021年脱贫攻坚取得全面胜利，以及共同富裕政策的不断强调和有力推进有关，客观公平的提高也提升了民众的公平感。

图 4-1-2 控制变量后公平感的净时期变化

二 不同群体公平感的变迁

（一）不同地区居民公平感的变迁

地区采用了两种方式进行分类，第一种是分城乡，第二种是分成东、中、西部地区。但是因为城乡不仅涉及地区，还涉及户口，故也对持有不同户口群体的公平感进行了分析。首先，图4-2-1呈现了城乡居民公平感的净时期变化（控制其他变量），可以看到，2013年前，城乡居民公平感的变化几乎是平行的，一直是农村居民的公平感显著高于城镇居民。但是2013年后，城镇居民的公平感逐渐上升，城乡居民公平感的折线开始趋同，到2017年时，城镇居民的公平感与农村居民无显著差异，两条线几乎变成一条线，并一直持续到2021年。户口的结果类似，在2013年前几乎平行变化，且一直是农业户口民众的公平感高于非农户口，但是到2015年时，两者间变得没有显著差异，而到了2017年，非农户口居民的公平感反超农业户口，在这之后又几乎平行变化，但一直是非农户口民众的公平感高于农业户口。

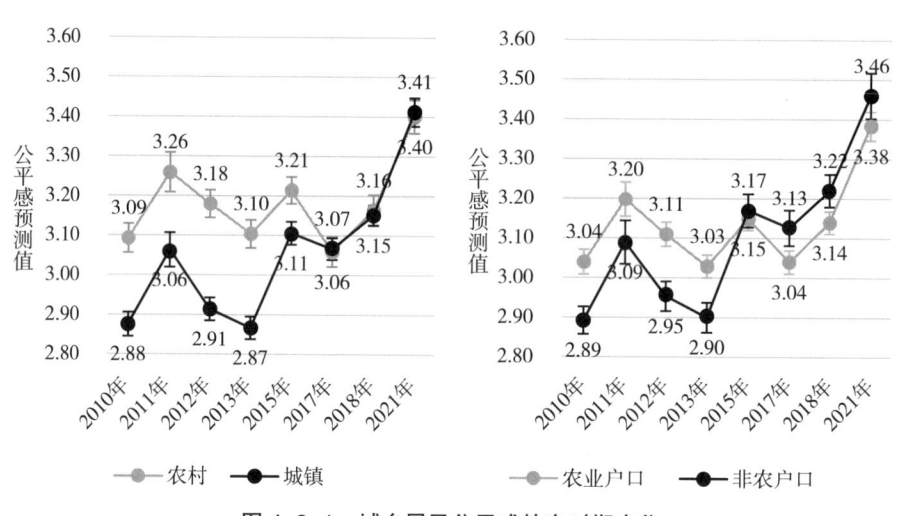

图 4-2-1　城乡居民公平感的净时期变化

将居住地和户籍进行交叉分析（见图4-2-2），可以发现，在2013年及以前，无论持有何种户口，均是城镇居民的公平感高于农村居民；对于农村居民，除2011年外，2010年、2012年和2013年均是农业户口民众的公平感高于非农户口；对于城镇居民，则一直是农业户口民众的公平感高于非农户口。但是，这四类人群的公平感也在2013年之后开始趋同。

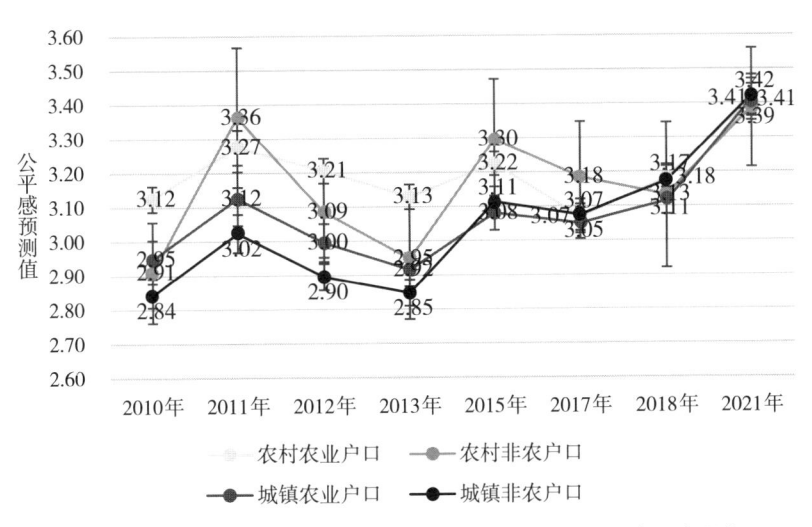

图 4-2-2　城乡居民公平感的净时期变化（居住地和户口交叉）

在区域方面（见图 4-2-3），虽然东、中、西部地区居民的公平感也呈现出趋同的态势，但是西部地区居民的公平感一直是最高的，而东、中部地区居民的公平感则由 2010 年时中部地区居民公平感高于东部地区，变为在 2013 年后两者间没有显著差异。

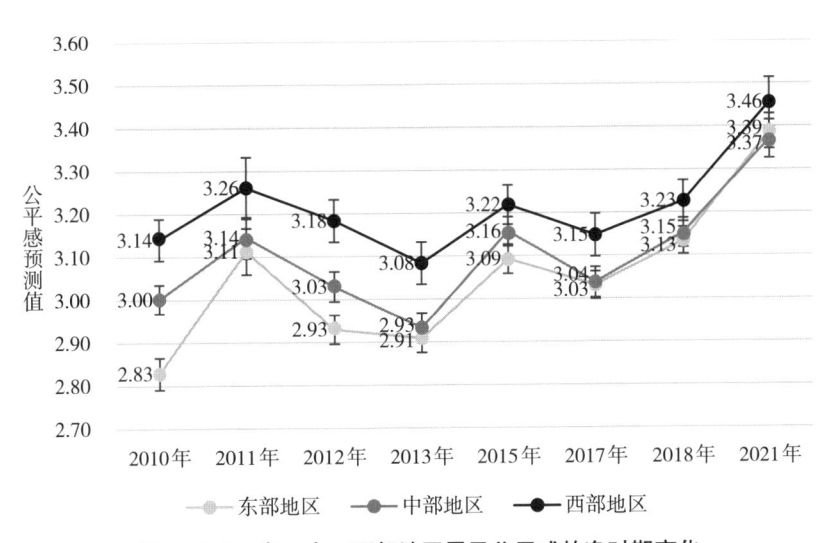

图 4-2-3　东、中、西部地区居民公平感的净时期变化

（二）不同性别群体公平感的变迁

图 4-2-4 呈现了不同性别居民公平感的净时期变化（控制其他变量），结果与城乡户口的变化趋势非常相似，都是在 2013 年及以前呈平行变化，表现为女性公平感高于男性，但是到 2015 年时两者之间变得没有显著差异，而在 2017 年及以后差异略微增大，但却反转为男性公平感高于女性，且此差异在 2021 年时扩大，在 0.05 水平上变得显著。

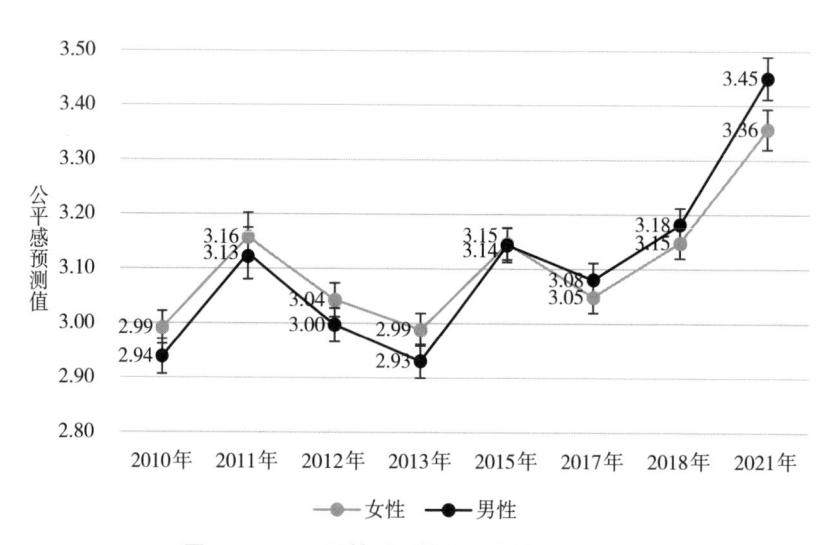

图 4-2-4 不同性别群体公平感的净时期变化

（三）不同年龄群体公平感的变迁

如图 4-2-5 所示，控制变量后，从 2010 年至 2021 年一直是 61—70 岁的居民公平感最高，但是对于 60 岁及以下群体，2013 年后其公平感的差异也有所趋同，尤其是 30 岁及以下群体的公平感相对上升幅度最大，而 51—60 岁群体的公平感虽然一直较高，但其上升幅度相对较小。

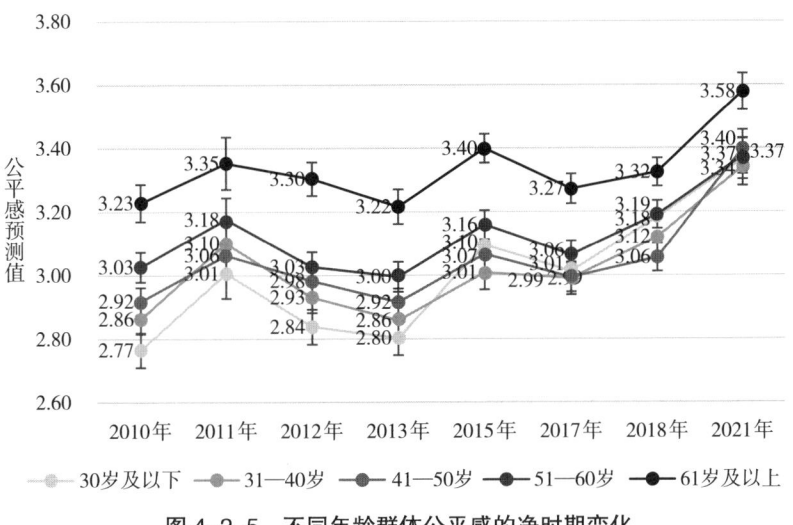

图 4-2-5　不同年龄群体公平感的净时期变化

（四）不同受教育群体公平感的变迁

在受教育程度方面（见图 4-2-6），在 2013 年后，大学及以上受教育程度群体的公平感显著上升，且在此之后一直显著高于其他群体，但是其他受教育程度群体间的差异一直较小。虽然如此，在 2010 年、2012 年和

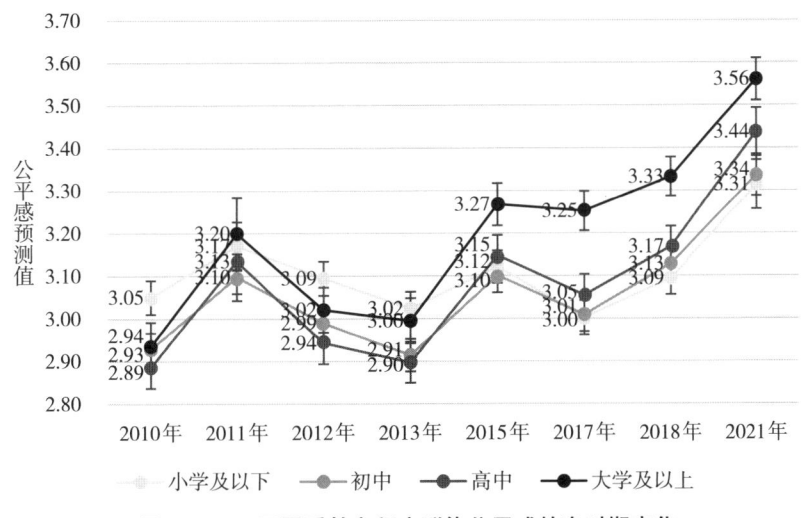

图 4-2-6　不同受教育程度群体公平感的净时期变化

2013年小学及以下受教育程度群体的公平感高于初中和高中受教育程度群体，但是在 2015 年后，小学及以下受教育程度群体的公平感低于初中受教育程度群体，而初中受教育程度群体的公平感低于高中受教育程度群体。也就是说，在 2015 年不同受教育程度在公平感上的差异体现为受教育程度越高，公平感越高，更为符合地位结构决定论的假设。

（五）不同收入群体公平感的变迁

将每个时期居民的家庭人均年收入分为五等份，由低到高分别代表收入位于样本中的 0—20%、20%—40%、40%—60%、60%—80% 和 80%—100%。由图 4-2-7 可见，控制变量后，不同收入群体公平感的变化与前面的表现不同，2013 年后不是趋同而是分化。在 2013 年前，不同收入群体间的公平感差异较小，但在 2013 年后，尤其是到 2017 年、2018 年和 2021 年这三个调查时期，收入越高的群体，公平感越高，且在这三个调查时期几乎平行变化。但是，如果考虑到收入越高代表社会经济地位越高的话，这样的结果反而是与前面的结果一致的，它们都说明高社会经济地位群体的公平感相对上升幅度更大，公平感的群体差异变得更符合地位结构决定论的假设。

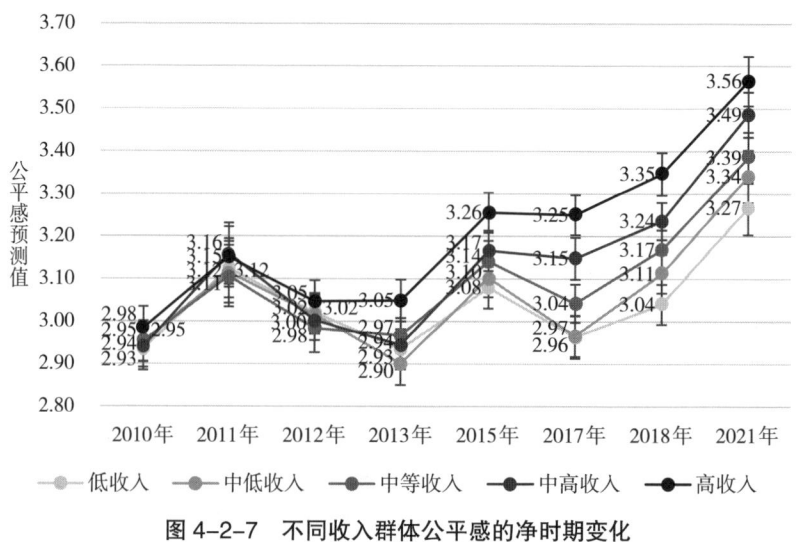

图 4-2-7　不同收入群体公平感的净时期变化

第四章
公平感的变迁

在交叉分析中，进一步将每时期城镇、农村、农业户口和非农户口居民的收入分为五等份，并将收入位于后20%的作为低收入群体，前20%的作为高收入群体，中间20%—80%作为中等收入群体。由图4-2-8可见，在控制了人口学变量后，城乡不同收入群体的公平感出现分化，城镇或持有非农户口的居民分化更明显，体现为收入越高、公平感越高。

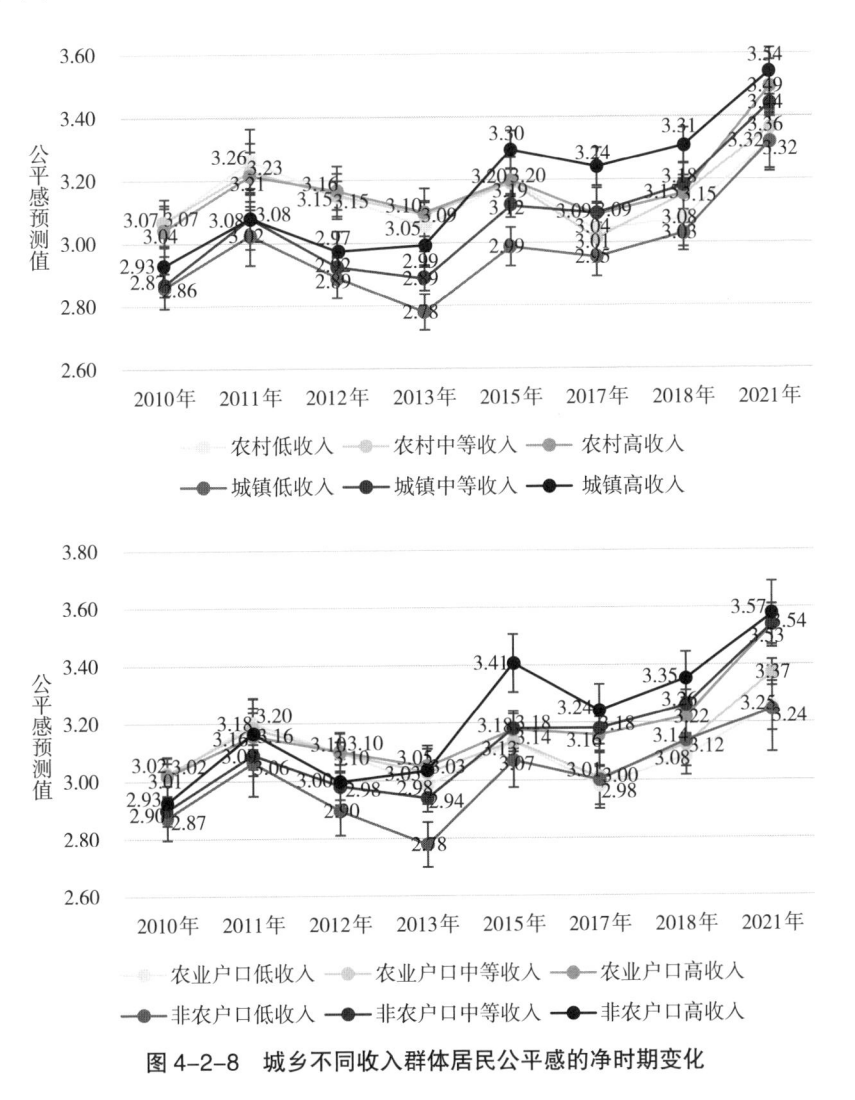

图4-2-8 城乡不同收入群体居民公平感的净时期变化

（六）不同工作状况群体公平感的变迁

根据居民当前的工作状况，分为目前无工作、务农和非农工作三类，比较了他们之间公平感差异的变化（见图 4-2-9）。结果发现，在其他变量不变的情况下，2015 年前是务农者的公平感最高，2015 年时三者没有显著差异，2015 年后变为非农工作者的公平感最高，而务农者和无工作者的公平感没有显著差异。也即，非农工作者的公平感相对上升幅度最大，而务农工作者的公平感相对上升幅度最小。

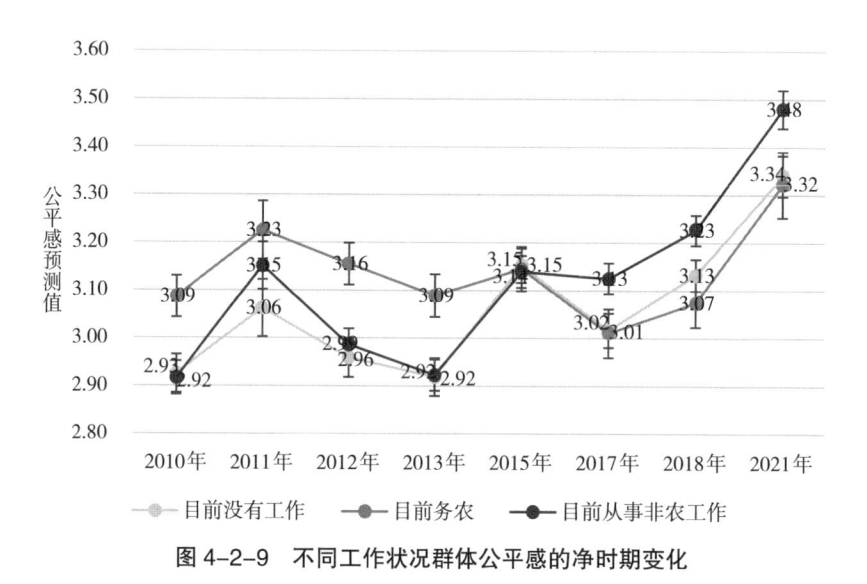

图 4-2-9　不同工作状况群体公平感的净时期变化

（七）不同主观地位认同群体公平感的变迁

将主观地位认同 10 点得分转换为 5 点得分，得分由低到高分别代表下层、中下层、中层、中上层和上层。由图 4-2-10 可见，除了上层以外，其他主观地位认同均呈平行变化，其差异变化不明显，且主观地位认同越高，公平感越高。但是主观认为自己是上层的公平感相对其他群体波动较大，时高时低，这可能是因为主观上认为自己是上层的居民人数较少，在各时期均不足 100 人，更容易受到抽样框和抽样偏差的影响，从误差项也可以看到，其误差较大。

图 4-2-10 不同主观地位认同群体公平感的净时期变化

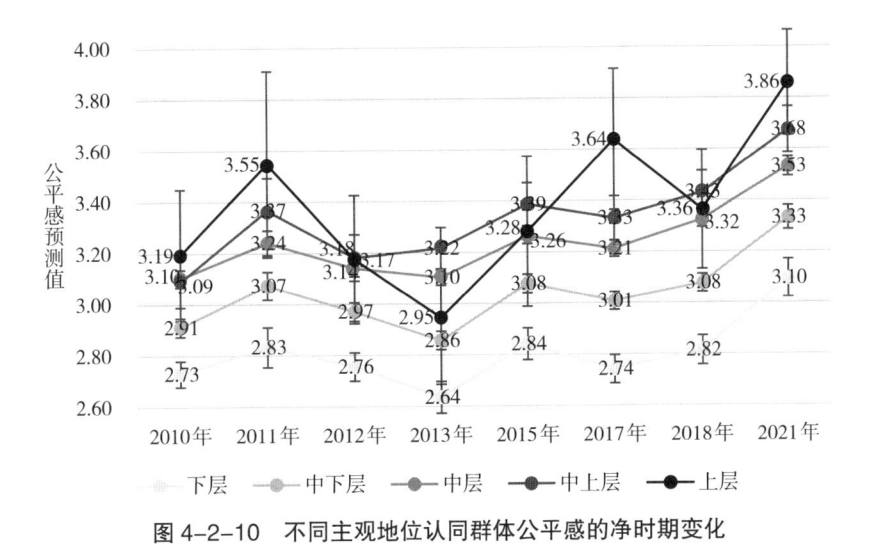

本章小结

目前公平感的研究仍然比较忽视宏观历时性视角，并且较少有研究关注到不同群体社会公平感变迁的差异。本书利用 CGSS 的数据发现，2010—2021 年，中国民众的公平感虽有一些波动，但总体呈现出向上变化的趋势，尤其是在 2017 年以后，逐年上升。这可能与 2020 年我国全面实现小康社会、2021 年脱贫攻坚取得全面胜利，以及共同富裕政策的不断强调和有力推进有关，客观公平的提高提升了民众的公平感。

在分群体公平感的变化方面发现，高社会经济地位的群体公平感的上升幅度大于低社会经济地位的群体。如果曾经是低社会经济地位群体（如农村居民）公平感高于高社会经济地位群体（如城镇居民），则两者的公平感趋同；如果曾经是低社会经济地位群体（如低收入群体）公平感低于高社会经济地位群体（如高收入群体），则两者的公平感差异进一步扩大。这反映出不同群体的公平感似乎变得更符合社会地位结构决定论的假设。后文中，本书将主要以城乡居民的趋同为例，探究不同群体公平感差异变动的影响机制。

第五章　扩展隧道效应：
一个综合的社会经济发展分析框架

为何不平等不一定会带来不公平感？为何有时低社会经济地位群体的公平感反而更高？隧道效应提供了一种解释，它认为在经济发展的初期，适度的不平等反而可以给低社会经济地位群体带来希望，提高他们的公平感、幸福感等主观感受。其常被用来解释与社会地位结构决定论不一致的情况。但是，隧道效应还有许多局限，本章在原隧道效应的基础上进行了扩展，将隧道效应应用于更广泛的情境，并在经济发展水平、经济增速和收入不平等间建立关系，形成了一个综合的用于分析社会经济发展对公平感影响的框架。

一　原隧道效应与扩展隧道效应

（一）原隧道效应

隧道效应是由著名发展经济学家赫希曼首先提出的（Hirschman, Rothschild, 1973），他认为在社会发展初期，处于不同地位结构的居民就像行驶在同一方向的双车道隧道里，两条车道都堵得水泄不通。一旦一侧车道的车开始移动，"车速"增加，另一侧车道的车并不会感到不公，而是对未来充满希望，因为他们认为交通堵塞将开始有所缓解，终有一天自己的"车速"也会增加，这称为正向隧道效应。此时，人们宁可选择经济

第五章
扩展隧道效应：一个综合的社会经济发展分析框架

增长带来的些许收入分配不均。因此，隧道效应常被用于解释不符合地位结构决定论假设的情况，也有研究者用它来解释中国农村居民公平感高于城镇居民的现象，但他们往往忽略了其理论的后半部分（Durongkaveroj, 2018），也就是负向隧道效应。这通常发生在经济长期增长后开始衰退时，若社会不平等仍然加剧，慢车道人群感到"车速"仍然相对较低，则会开始怀疑有不公平发生，变得愤怒，造成社会不稳定，甚至引发社会灾难。[①] Senik 发现在经济转型期的东欧国家，收入差距与幸福感是正向关系，但是在西欧发达国家，收入差距与幸福感是负向关系，证实了负向隧道效应的存在（Senik, 2008）。

然而，隧道效应还有一些局限。其一，隧道效应对于经济衰退的指标并不明确，负向隧道效应发生在何时？是经济发展水平下降的时候，还是经济增长速度降低的时候？其二，虽然隧道效应认为他人状况的改善是在社会互动的基础之上，但是却并没有明确这种社会互动是什么形式的社会互动。分配涉及一种竞争关系，一方所得多了，另一方所得就少了。但若结合经济发展水平，它又不完全是一种竞争关系，因为经济的发展可以

[①] 尽管在赫希曼的原文中，他只使用了逆向隧道效应（tunnel effect in reverse），并将其形容为当快车道群体遭遇失业等车速下降事件时，慢车道群体进行参照后，出现了对未来的担忧等情绪。但是其本质仍然是正向隧道效应，此时慢车道群体可谓是为快车道群体之喜而喜，之忧而忧。但是在后来者对于隧道效应的发展中，把赫希曼所称的隧道效应称为正向隧道效应（张文宏、刘飞、项军，2023；李路路、石磊，2017），而将负向隧道效应可以形容为慢车道群体不再为快车道群体的车速上升而感到有希望，反而产生不公平感（杜静元，2014；黄祖辉、朋文欢，2016；殷金朋、陈永立、倪志良，2019；张应良、徐亚东，2021）。相应地，笔者认为负向隧道效应中，慢车道群体也不会再为快车道群体的车速下降而担忧，反而会感到自己的机会来了，从而可能提升公平感，这在赫希曼看来是隧道效应变弱或消失了。因此，简单来说，后来者所言正向隧道效应即赫希曼的隧道效应，此时两车道的民众可以共情对方；而负向隧道效应则接近社会地位结构论，此时两车道的民众看重的是自身利益，而不再共情对方（Durongkaveroj, 2018）。但是本文沿用后来者对正负向隧道效应的定义，是因为在赫希曼的原文中当隧道效应消失时，可能会激发出强烈的反弹效应，进而产生比一般意义上更强烈的不满或不公，以及更严重的社会后果（Hirschman, Rothschild, 1973；魏钦恭，2015）。因此，它不同于社会地位结构论或仅仅是隧道效应消失，使用负向隧道效应一词，能更形象地形容这种反弹的群体心态的转变。

使得一方虽然获得比另一方多，但另一方的获得也能增多。他人"车速"提升对自身公平感的影响似乎是一种不完全竞争的社会互动。此外，隧道效应中所言的"车速"将绝对车速和相对车速混在了一起。从其理论描述来看，快车道"车速"对慢车道居民公平感的影响，指的应是相对车速，而不是绝对车速。最后，隧道效应还忽略了在这个过程中快车道群体公平感的变化（Durongkaveroj，2018）。因此，在Hirschman和Rothschild提出的隧道效应的基础上（Hirschman，Rothschild，1973），笔者对其进行了扩展。

（二）扩展隧道效应

笔者区分了经济发展水平和经济增速对公平感的不同影响，以及相对车速和绝对车速。根据经济发展假设，笔者认为经济发展水平对公平感应一直具有促进作用，即经济发展水平越高，公平感越强，但是正向隧道效应到负向隧道效应的转变主要发生在经济增速下降的时候。如果沿用隧道效应的车道比喻，可以想象处于不同地位结构的居民就像行驶在一个同方向的双车道隧道里，低社会经济地位群体行驶在慢车道上，高社会经济地位群体行驶在快车道上。在经济发展初期，两条车道的绝对车速都很低。而当经济开始发展、进入加速度阶段后，两条车道车的绝对速度也都开始提高。此时，人们的关注点在提速本身上，快车道更快的相对车速给慢车道的人带来了希望，相信自己的车道也会像快车道一样快起来，拉高了慢车道人群的公平感，属于正向隧道效应。而当经济增速下降后，进入了减速阶段，虽然两个车道的绝对速度都还可能增加，也可能降低，但相对速度并不同。与加速度阶段相比，在减速度阶段，若社会不平等继续加剧，即快车道的相对车速继续提高，慢车道的人将产生更强的相对位移的改变，进而产生距离被逐渐拉大的预感，甚至产生被永远甩在后面的抛弃感。与快车道的人相比，慢车道的人感受到的社会地位是负向的移动，此时，他们将变得越来越难以接纳这种不断加剧的不平等，快车道的相对车速将拉低慢车道人群的公平感，产生负向隧道效应。

第五章
扩展隧道效应：一个综合的社会经济发展分析框架

然而，经济增速下降还会带来另一个影响，如果分配制度不作调整，会增大社会不平等，这是原隧道效应并未提及的影响。库兹涅茨认为，在经济未充分发展的阶段，收入分配将随同经济发展而趋于不平等，之后经历收入分配暂时无大变化的时期，到达经济充分发展的阶段，收入分配将趋于平等，也即，经济发展与收入分配不平等是倒"U"形的曲线关系（Kuznets，1955）。然而，皮凯蒂在《21世纪资本论》中详述了全球收入不平等的变化，发现库兹涅茨所述的收入不平等下降只是冷战后的一种短暂现象，之后又开始升高。美国收入前10%人群的收入占美国国民收入的比重从20世纪70年代的不足35%上升到2000—2010年的45%—50%。中国也出现了类似的结果，据《World Inequality Report 2018》（World Inequality Lab，2017）所示，中国收入前10%人群的收入占国民收入的份额从1980年的不足30%上升到2016年的41%。皮凯蒂认为，当资本收益率超过经济增长率之后，富人将越富。此时，人们感到资源增量将减少，双车道间的竞争关系开始凸显出来，优势群体将通过挤压劣势群体，为自己储备更多资源，拉高自身相对车速，来应对今后更长时间的经济下滑和可能出现的资源短缺问题。而这将导致慢车道的人感到相对速度的进一步下降和公平感的进一步降低。

因此，如果不追求高质量发展，单纯的经济增速下降可能对公平感产生两个方面的影响，一是像隧道效应认为的那样，使得快车道相对车速对慢车道人群的公平感由原来的拉高作用变成拉低作用；二是它将使得经济发展更有利于提高高社会经济地位群体的相对车速，从而进一步降低低社会经济地位群体的公平感。

笔者对隧道效应的另一个扩展是对不同平等状况下公平感产生心理过程的解释。快车道人群和慢车道人群在对相对速度和相对位移上的体会是不同的，慢车道人群是瞻前的，他们关注自己与快车道人群之间的差距，他们的公平感会因与快车道人群相对位移和相对速度的变化而变化。但是快车道人群却不够顾后，他们更关注自己能从经济发展中得到多少受益，却并不太在意他们与慢车道的差距，也不太在意自身车速对慢车道车速的影响。因此，快车道人群的公平感将主要受到经济发展水平的影响。

扩展的隧道效应除了关注经济发展水平外，更关注经济增长速度以及两个车道的相对速度带来的心理感受，并在经济增速、经济发展水平、相对车速和公平感间建立了关系，可用以下带中介的调节作用模型表示（见图5-1-1）。这个模型图在原隧道效应的基础上进行了四点创新：一是区分了经济发展水平和经济增速对公平感的不同影响，且认为从正向隧道效应到负向隧道效应的转变主要发生在经济增速较低时，而经济发展水平一直能促进公平感；二是区分了绝对车速和相对车速，并认为是快车道的相对车速影响慢车道的公平感；三是认为不同车道的车速间存在不完全的竞争关系，经济增速较低时，竞争关系更为明显，经济发展使得富者更富，并进一步拉低慢车道群体的公平感；四是不仅关注了慢车道群体公平感的变化，还关注了快车道群体公平感的变化，认为其主要受经济发展水平的影响。

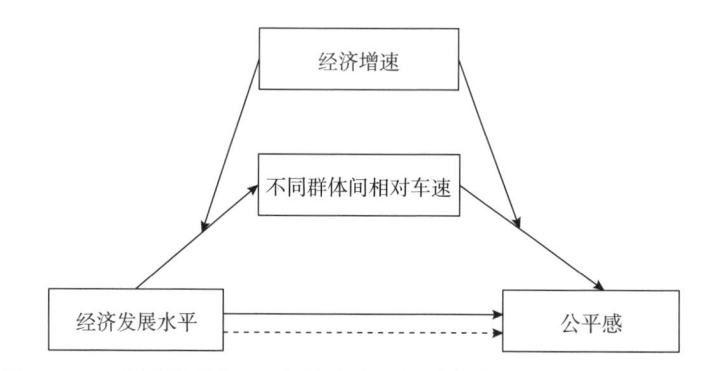

图 5-1-1 经济发展水平、经济增速、相对车速和公平感间的关系示意

注：实线表示对低社会经济地位群体公平感的影响路径，虚线表示对高社会经济地位群体公平感的影响路径。

二 应用扩展隧道效应解释城乡居民公平感趋同

本书将主要对图5-1-1这一带中介的调节作用模型进行验证，以城镇居民来代表快车道人群，以农村居民来代表慢车道人群，来检验扩展隧道效应的解释力,包括以下三个主要假设。

假设 1:经济增速高时,城镇居民的相对车速拉高了农村居民的公平感;经济增速低时,城镇居民的相对车速拉低了农村居民的公平感。

假设 2:经济增速低时,经济发展水平将更有利于提高城镇居民的相对车速,从而进一步降低农村居民公平感。

假设 3:城镇居民的公平感主要受到经济发展水平的影响。

本节主要的社会经济变量为经济发展水平和经济增速,其中,采用省人均国内生产总值作为经济发展水平的指标,省人均国内生产总值增长率作为经济增速的指标。这两个指标的数据均来自当年国家统计局的数据。

此外,本研究借用了隧道效应的车速并将其扩展到相对车速用于反映城乡间的收入差距。但是在实际测量城乡间收入差距时,笔者选择了省城镇收入份额作为指标,指的是城镇居民总收入占全体居民总收入的比例。份额高代表相对车速快/城乡间收入差距高,份额低代表相对车速慢/城乡间收入差距低。以往也有很多研究使用收入份额作为收入不平等的指标(Powdthavee,Burkhauser,De Neve,2017),本研究选择城镇收入份额的原因有二。其一是因为城镇收入份额等于城镇化率乘以城镇平均收入占全体居民平均收入的比例,城镇化的提高本身就反映了城镇对农村资源的挤压。[①]其二是总收入份额恒定为 1,城镇收入份额的增加,意味着农村收入份额的降低,因此能反映城乡之间的竞争关系。若在前期,城镇收入份额仍然可以拉动农村居民的公平感,则能更有力地证明正向隧道效应的存在。反之,随后的变化,也更能反映正向隧道效应向负向隧道效应的转变。

省城镇收入份额采用各省统计年鉴的全国和分城乡平均可支配收入和人口数据进行计算。但是,从 2013 年起,国家和各省统计局开展了城乡一体化住户收支与生活状况调查,2013 年及以后数据来源于此项调查,与 2013 年前的分城镇和农村住户调查的调查范围、调查方法、指标口径

[①] 关于城镇化对公平感的影响,详见第六章。

有所不同。因此，本研究还采用 CGSS 中的城乡收入数据和各省统计年鉴的人口数据计算省城镇收入份额，将其用于结果的稳健性检验。但是因为 CGSS 在一些调查年份中，某些省份的城镇或 / 和农村抽样人数较少，因此，仅使用每个调查年份中城镇和农村有效收入数据均在 20 以上的省份来计算分省城镇收入份额指标。

（一）城镇"车速"对城乡居民公平感的分阶段影响

城乡作为两个空间，其社会和文化环境有所差异，对城乡居民公平感产生影响的不平等因素也可能是不同的，因此分城乡样本进行分析。在图 4-2-1 中，公平感的变化基本可以分为三个阶段：2010—2012 年公平感平行变化，但是农村居民公平感高于城镇居民；2013—2017 年公平感开始趋同；2018—2021 年城乡公平感又平行变化，且没有差异。因此，将数据分为 2010—2012 年、2013—2017 年和 2018—2021 年三个阶段进行分城乡样本分析，前两个阶段含有三个调查时期，后一个阶段含有两个调查时期。

采用多层线性模型，将省份作为层二变量，表 5-2-1 呈现了固定效应模型的结果。在控制了个体变量后[①]，2010—2012 年，省城镇收入份额不能显著预测城乡居民的公平感。但是，2013—2017 年，省城镇收入份额变成显著负向预测农村居民的公平感，且显著正向预测城镇居民的公平感，说明在 2013—2017 年时，城镇车速拉低了农村居民的公平感，却拉高了城镇居民的公平感，可能出现了短暂的负向隧道效应。而到了 2018—2021 年，城镇收入份额又变成不再能显著预测城乡居民的公平感，负向隧道效应消失，可能与我国脱贫攻坚取得全面胜利、全面实现小康社会和共同富裕政策的有力推进有关。

---

① 本研究主要想探讨整体"车速"对公平感的影响，故控制了个体的家庭人均年收入，然而，即使不控制家庭人均年收入，结果也没有变化。

表 5-2-1　省城镇收入份额对城乡居民公平感影响的阶段变化

样本	变量	2010—2012 年 系数	p 值	2013—2017 年 系数	p 值	2018—2021 年 系数	p 值
农村样本	截距	3.24	0.000	3.17	0.000	3.27	0.000
	男性（女性=0）	−0.06	0.015	0.01	0.542	0.07	0.015
	年龄	0.13	0.000	0.14	0.000	0.13	0.000
	年龄的平方	0.02	0.001	0.03	0.000	0.05	0.000
	受教育年限	0.00	0.154	0.00	0.332	0.00	0.253
	汉族（少数民族=0）	−0.10	0.018	−0.12	0.003	−0.13	0.030
	有宗教信仰（无=0）	−0.14	0.000	−0.09	0.016	−0.01	0.790
	党员（非党员=0）	0.10	0.038	0.11	0.028	0.19	0.002
	健康状况	0.07	0.000	0.08	0.000	0.11	0.000
	务农（无工作=0）	0.05	0.105	0.01	0.576	−0.02	0.651
	非农工作（无工作=0）	0.04	0.303	0.00	0.954	0.07	0.093
	家庭人均年收入的对数	0.02	0.016	0.02	0.005	0.02	0.007
	已婚（未婚=0）	−0.03	0.481	0.00	0.968	−0.01	0.802
	非农户口（农业户口=0）	−0.06	0.066	0.890		−0.02	0.400
	城镇收入份额	0.72	0.300	−1.17	0.005	1.29	0.059
城镇样本	截距	2.87	0.000	2.93	0.000	3.11	0.000
	男性（女性=0）	−0.02	0.226	−0.02	0.143	0.03	0.124
	年龄	0.07	0.000	0.05	0.000	0.04	0.000
	年龄的平方	0.03	0.000	0.03	0.000	0.02	0.000
	受教育年限	0.00	0.465	0.00	0.096	0.00	0.886
	汉族（少数民族=0）	−0.06	0.164	−0.07	0.098	−0.03	0.509
	有宗教信仰（无=0）	−0.01	0.724	0.00	0.891	−0.02	0.645
	党员（非党员=0）	0.07	0.007	0.09	0.001	0.17	0.000
	健康状况	0.11	0.000	0.09	0.000	0.12	0.000
	务农（无工作=0）	0.17	0.000	0.06	0.132	−0.04	0.395
	非农工作（无工作=0）	0.03	0.164	0.00	0.997	0.01	0.600
	家庭人均年收入的对数	0.04	0.000	0.04	0.000	0.03	0.000
	已婚（未婚=0）	0.02	0.526	0.02	0.492	0.07	0.012

续表

样本	变量	2010—2012年 系数	p值	2013—2017年 系数	p值	2018—2021年 系数	p值
城镇样本	非农户口（农业户口=0）	-0.03	0.012	0.00	0.813	0.03	0.011
	城镇收入份额	-0.53	0.207	2.30	0.000	-0.41	0.250

注：连续变量均进行了中心化处理。为便于解释，年龄使用的是中心化后除以10的值，年龄的平方使用的是中心化后除以10再平方的值。

（二）经济增速对公平感和城镇"车速"的调节作用

以下笔者将全部八个时期的数据合并在一起，使用分省数据来模拟时期变化。首先，将公平感作为因变量，省人均GDP增速与省城镇收入份额建立交互项，用于考察在不同经济增速下，城镇收入份额对城乡居民公平感的影响是否发生了变化。但为了检验理论假设的可靠性，也纳入了省人均GDP与省城镇收入份额的交互项，作为竞争假设，以分析不同经济发展水平下，城镇收入份额对城乡居民公平感的影响是否也会发生变化。结果如表5-2-2和图5-2-1所示，对于农村居民的公平感，省人均GDP、省人均GDP增速与城镇收入份额均有显著正向交互作用，具体表现为，当省人均GDP或省人均GDP增速低时，城镇收入份额对农村居民公平感的拉低

表5-2-2 　　经济增速和经济发展水平对城乡居民公平感的影响

变量	农村样本 系数	p值	城镇样本 系数	p值
截距	3.20	0.000	2.98	0.000
男性（女性=0）	-0.01	0.722	-0.01	0.409
年龄	0.14	0.000	0.05	0.000
年龄的平方	0.03	0.000	0.03	0.000
受教育年限	0.00	0.927	0.00	0.476
汉族（少数民族=0）	-0.12	0.000	-0.05	0.041
有宗教信仰（无=0）	-0.09	0.000	-0.01	0.706
党员（非党员=0）	0.12	0.000	0.10	0.000

第五章
扩展隧道效应：一个综合的社会经济发展分析框架

续表

变量	农村样本 系数	p 值	城镇样本 系数	p 值
健康状况	0.08	0.000	0.10	0.000
务农（无工作=0）	0.02	0.201	0.07	0.007
非农工作（无工作=0）	0.03	0.230	0.01	0.308
家庭人均年收入的对数	0.02	0.000	0.03	0.000
已婚（未婚=0）	−0.01	0.585	0.03	0.064
非农户口（农业户口=0）	−0.02	0.145	0.00	0.428
城镇收入份额	−1.30	0.036	0.09	0.869
人均GDP	0.28	0.000	0.54	0.000
人均GDP增速	0.48	0.004	0.65	0.000
人均GDP × 城镇收入份额	1.01	0.004	0.07	0.800
人均GDP增速 × 城镇收入份额	9.85	0.001	−6.51	0.001

注：连续变量均进行了中心化处理。为便于解释，年龄使用的是中心化后除以10的值，年龄的平方使用的是中心化后除以10再平方的值。

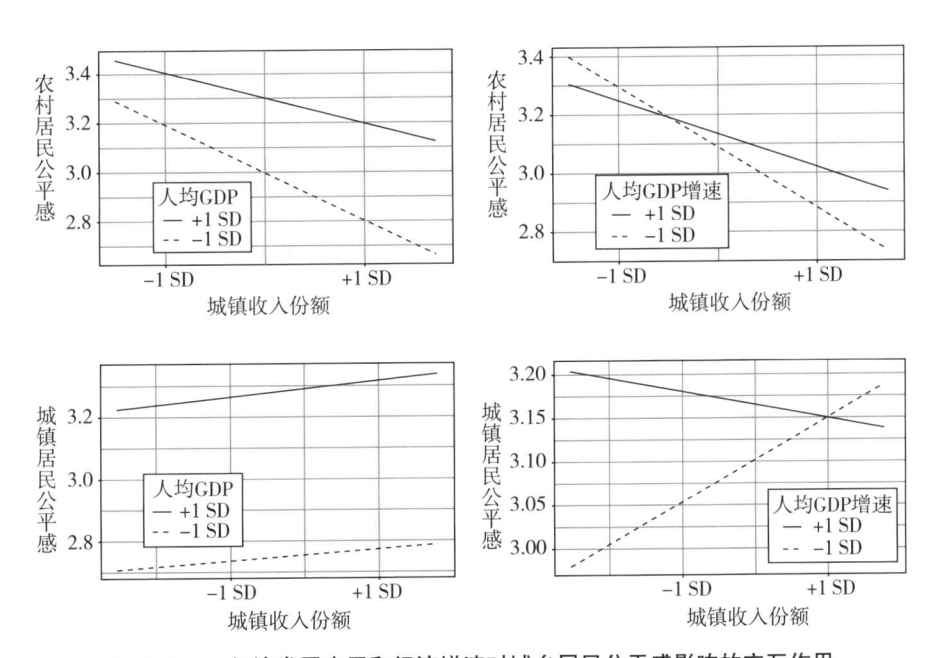

图 5-2-1　经济发展水平和经济增速对城乡居民公平感影响的交互作用

作用更明显，假设1得到部分验证。对于城镇居民的公平感，省人均GDP与城镇收入份额无显著交互作用，仅省人均GDP能显著正向预测城镇居民的公平感；而省人均GDP增速与城镇收入份额有显著负向交互作用，具体表现为，当省人均GDP增速高时，城镇收入份额反而拉低了城镇居民的公平感，而当省人均GDP增速低时，城镇收入份额会反过来拉高城镇居民的公平感。

其次，将城镇收入份额作为因变量，省人均GDP增速与经济发展水平建立交互项，用于考察在不同经济增速下，经济发展水平对城镇收入份额的影响是否发生了变化。因为这部分仅涉及宏观变量，故未对个体变量进行控制。结果显示，对于城镇收入份额，省人均GDP的主效应显著（$B = 0.11$，$p < 0.001$），省人均GDP增速的主效应不显著（$B = 0.01$，$p = 0.835$），但与省人均GDP有显著负向交互作用（$B = -0.19$，$p = 0.006$），具体表现如图5-2-2所示，当省人均GDP增速低时，经济发展水平的提升进一步拉高了城镇收入份额，假设2得到验证。

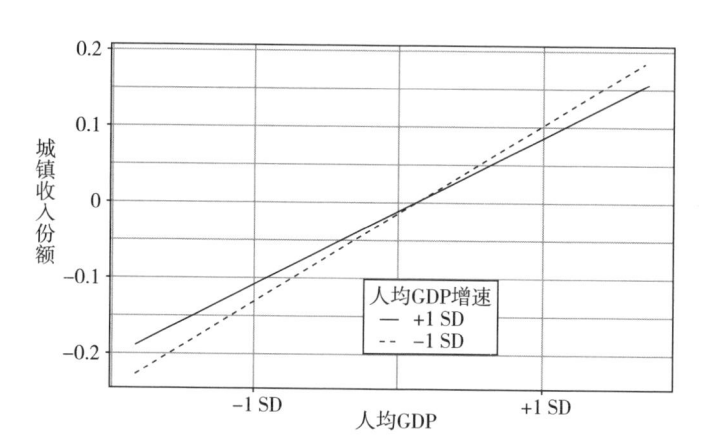

图 5-2-2 经济增速对城镇收入份额影响的交互作用

（三）经济发展水平对公平感的直接和间接作用

上述结果证明了在不同经济增速下，经济发展水平对城镇收入份额的影响，城镇收入份额对农村居民公平感的影响将有所不同。但是，经济发展水平是否会通过城镇收入份额影响城乡居民的公平感还未进行分析。以下对图 5-1-1 所示的整体模型进行分城乡样本的检验，并使用 bootstrap 法进行置信区间检验，因样本量较大，将抽样数定为 5 万次。结果如表 5-2-3 所示，对于农村样本而言，直接效应为显著正向，即从直接效应上来看，经济发展水平的提高可以显著提高农村居民的公平感；但是间接效应均显著为负，且当省人均 GDP 增速低时，省人均 GDP 通过城镇收入份额对农村居民公平感起到更负向的作用，这与前面的发现一致。但是对于城镇样本而言，仅直接效应显著为正，间接效应均不显著，假设 3 得到验证，即城镇居民公平感主要受到经济发展水平的影响。

表 5-2-3　　　经济发展水平对公平感的直接和间接效应分析

样本	效应类型	省人均GDP增速	效应量	标准误	95% 置信区间 LLCI	95% 置信区间 ULCI
农村	直接效应	/	0.312	0.061	0.189	0.433
农村	间接效应	M−1 SD	−0.217	−0.06	−0.347	−0.111
农村	间接效应	M	−0.167	−0.055	−0.269	−0.051
农村	间接效应	M+1 SD	−0.113	−0.052	−0.205	−0.010
城镇	直接效应	/	0.550	0.037	0.476	0.626
城镇	间接效应	M−1 SD	0.027	−0.027	−0.014	0.082
城镇	间接效应	M	0.007	−0.031	−0.035	0.078
城镇	间接效应	M+1 SD	−0.018	−0.031	−0.077	0.044

注：直接效应为省人均GDP→公平感，间接效应为省人均GDP→省城镇收入份额→公平感。间接效应中的标准误和置信区间结果均为 bootstrap 分析结果。

（四）稳健性检验

本研究还使用了 CGSS 样本的分省城乡收入数据计算了省城镇收入份额，并用其对结果进行稳健性检验。两种数据来源有两处结果差异。其一，年鉴数据发现，省人均 GDP 增速与城镇收入份额对城镇居民公平感有显著负向交互作用，即当省人均 GDP 增速低时，城镇收入份额会进一步拉高城镇居民的公平感；但是样本数据发现，这种交互作用不显著。其二，在年鉴数据中发现了城镇居民公平感主要受经济发展水平的影响，但是在样本数据中，当省人均 GDP 增速低时，经济发展水平对城镇居民公平感的间接效应为显著正向。这两个不一致的结果表明，城镇居民的公平感是否主要受经济发展水平影响，呈现出不够顾后的特点，还是会在经济增速低时，呈现出通过拉高自身相对车速来拉高自身公平感的特点，有待更多研究来验证。

本章小结

本章在理论上对隧道效应进行了扩展，并通过 CGSS 数据，实证检验了扩展隧道效应中与经济发展水平、经济增速和收入不平等相关的理论假设。综合研究结果，当经济增速低时，城乡居民在经济上的竞争关系更为明显，农村居民的公平感可能会进入负向隧道效应。具体表现为：经济增速低时，城镇收入份额对农村居民公平感的拉低作用变得更加明显，经济发展水平又通过增加城镇收入份额，进一步降低了农村居民的公平感。

但应注意的是，在 2018 年和 2021 年两次调查时期间，城乡居民的公平感无差别地不断上升，以及城镇收入份额对农村居民公平感影响的负向隧道效应的消失，可能与我国脱贫攻坚取得全面胜利、全面实现小康社会和共同富裕政策的有力推进有关。共同富裕政策应是一个可以防止正向隧道效应到负向隧道效应的"安全阀"。

本章提出的扩展隧道效应还有许多未经验证的地方，这些都是未来可对隧道效应扩展和研究的方向。笔者认为扩展隧道效应的情境假设也适用于解释其他群体和不同社会文化背景的国家和地区，当然这一假设也有待在不同情境下的进一步检验。

第六章 结构替换：
主导群体变化带来的公平感变化

社会结构并非一成不变的，施托费尔的结构替换论认为，宏观水平上的人口结构变化是影响社会态度变迁的主要原因（Stouffer，1955）。随着城镇化、扩大中等收入群体、产业结构调整等一系列宏观社会变迁进程，社会人口结构相应地发生了重要变化。城镇人口、中等收入人口、第三产业工作者等在人口结构中所占的比例越来越大，其态度倾向性对于总人口态度倾向性的影响也越来越大，进而影响了总体态度倾向性的变化，也影响了社会公平感的变化。本章先抛开影响社会结构的因素，单纯地从社会结构本身来看结构替换对公平感的影响，共分为三个小节，分别分析了城镇化（城乡人口结构变化）、扩大中等收入群体（收入人口结构变化）和产业结构调整（产业人口结构变化）对城乡居民的公平感的影响及其影响机制。

一 城镇化、城乡收入差距和城乡居民公平感

（一）中国的城镇化

从国际经验来看，当城镇化率处于30%—70%的时期，是城镇化快速发展的阶段（刘维涛，2013）。20年的数据表明（见图6-1-1），中国一直处于快速城镇化进程中，2011年时，城镇人口首超农村人口，2022年时，65.22%是城镇人口。且每年的增长速度基本相同，约1.37%，但是在2022

年时增长速度有所缓和。快速推进的中国城镇化正将具有几千年农耕文明的传统中国乡村社会带入以现代、后现代为主要特质的"城市社会",乡土中国正在被"城乡中国"所取代（陈文胜,2019）。随之而来的是人们的意识、价值观、文化素质、人际关系等向城镇化的转型,导致了传统城乡社会格局和城乡内部格局的巨大变革（刘夏阳,2016）。本研究希望探讨城镇化率是否是导致城乡居民公平感的差异发生变化的原因。

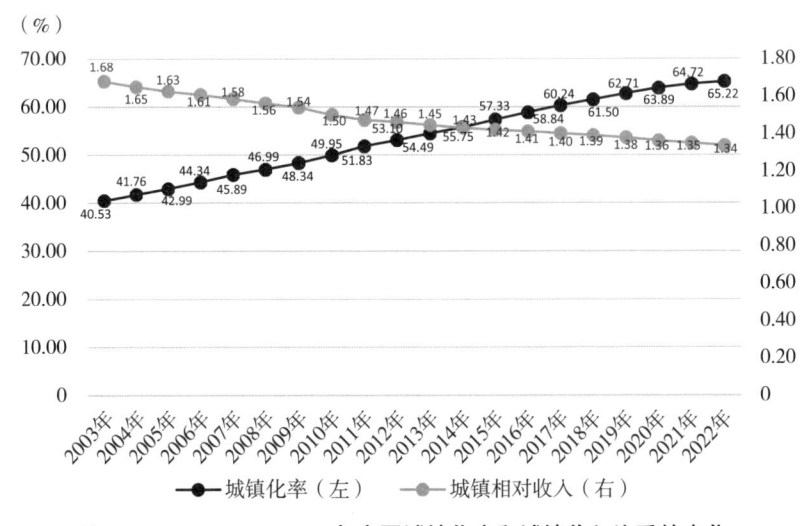

图 6-1-1 2003—2022 年全国城镇化率和城镇收入比重的变化

资料来源：国家统计局。

在第五章中已经呈现出来,随着城镇化率提高,城镇收入份额也可能上升。而城镇收入份额实际上包括两个部分：一是城镇化率,二是城镇平均收入相对全体居民平均收入的比重（以下简称"城镇收入比重"）。但城镇收入比重也是与城镇化率有关的,城镇化率的提高一方面可能通过增加城镇人口,来降低城镇收入比重；另一方面增加的城镇人口也可能带来更多的城镇总收入,而增加城镇收入比重。但是从图 6-1-1 中城镇化率和城镇收入比重的关系来看,应是降低作用大于增加作用。2003—2022 年,城镇化率在不断上升,但是城镇收入比重不断下降,由 2003 年的 1.68 倍下降到 2022 年的 1.34 倍。可见,第五章中城镇收入份额的上升或可归因于城镇化率的上升。那么，在第五章中的发现，是由于城镇化率所致还是城镇收入比重所致，本章将在拆分后作进一步分析。

（二）城镇化率和城镇收入比重对城乡居民公平感的调节作用

本研究使用 CGSS 2010—2021 年数据先分析了城镇化率对公平感的影响，城镇化率的指标为各时期省级城镇化率，城镇收入比重指的是各时期各省城镇人均可支配收入除以各省人均可支配收入，数据来源均来自当年国家统计局的数据。使用分层线性模型，将省份作为层二变量，将城镇化率和城镇收入比重同时纳入模型。从表 6-1-1 中可以看到，2013—2017 年，城镇化率变成显著负向预测农村居民的公平感，即城镇化率越高，农村居民的公平感越低。这可能是因为此时农村居民的公平感处于负向隧道效应中，当更多的人能挤上快车道，成为城镇居民时，降低了未上快车道的农村居民的公平感。但在正向隧道效应，看到有其他人挤上快车道，能给农村居民带来希望感，反而增加或不能降低他们的公平感。而城镇收入比重在 2013—2017 年间，仅在 0.1 水平的显著性上负向预测了农村居民的公平感，而在 0.05 水平上不显著，说明在此期间，城镇收入比重对农村居民的公平感，不是拉高作用，而是拉低作用。

对于城镇居民，2013—2017 年，城镇化率显著正向预测了他们的公平感，且其预测作用在 2018—2021 年间系数变得更大，说明在这两个阶段中，随着越来越多的人上了快车道，已经在快车道上的城镇居民的公平感也变得更高，并且这种增加的作用在 2018—2021 年间变得更大。除此之外，城镇收入比重对城镇居民公平感的预测作用也发生了变化，2010—2012 年，城镇收入比重是负向预测城镇居民公平感，虽然并不显著；但是 2013—2017 年间，城镇收入比重变成正向预测城镇居民公平感，此时仍然不显著；而到了 2018—2021 年间，城镇收入比重变成显著正向预测城镇居民公平感，即城镇收入比重越高，城镇居民的公平感显著越高。这说明城镇居民的公平感在 2010—2021 年间变得越来越符合地位结构决定论，即自己得到越多，公平感就越多。这一结果与第五章城镇收入份额的结果一致，说明城镇收入份额对城乡居民的影响，既与城镇化率有关，也与城镇收入比重有关，但城镇化率的作用可能更大。

表 6-1-1　　城镇化率和城镇收入比重对城乡居民公平感的预测作用

样本	变量	2010—2012 年 系数	p 值	2013—2017 年 系数	p 值	2018—2021 年 系数	p 值
农村样本	截距	3.28	0.000	3.19	0.000	3.23	0.000
	男性（女性=0）	−0.06	0.015	0.01	0.536	0.08	0.012
	年龄	0.14	0.000	0.15	0.000	0.15	0.000
	年龄的平方	0.02	0.006	0.03	0.000	0.04	0.000
	受教育年限	−0.01	0.146	0.00	0.350	0.00	0.285
	汉族（少数民族=0）	−0.11	0.017	−0.12	0.003	−0.13	0.038
	有宗教信仰（无=0）	−0.14	0.000	−0.09	0.013	−0.02	0.665
	党员（非党员=0）	0.11	0.033	0.11	0.026	0.19	0.002
	健康状况	0.07	0.000	0.08	0.000	0.11	0.000
	务农（无工作=0）	0.05	0.125	0.01	0.562	−0.02	0.601
	非农工作（无工作=0）	0.03	0.361	0.00	0.924	0.07	0.105
	家庭人均年收入的对数	0.02	0.025	0.02	0.010	0.02	0.008
	已婚（未婚=0）	−0.03	0.397	−0.01	0.857	−0.02	0.700
	非农户口（农业户口=0）	−0.06	0.069	0.00	0.881	−0.02	0.378
	城镇收入比重	0.16	0.789	−0.63	0.090	0.63	0.319
	城镇化率	0.88	0.464	−1.55	0.005	2.05	0.058
城镇样本	截距	2.87	0.000	2.91	0.000	2.59	0.000
	男性（女性=0）	−0.02	0.208	−0.03	0.120	0.04	0.089
	年龄	0.06	0.000	0.05	0.000	0.03	0.003
	年龄的平方	0.03	0.000	0.03	0.000	0.03	0.000
	受教育年限	0.00	0.492	0.00	0.059	0.00	0.875
	汉族（少数民族=0）	−0.07	0.113	−0.07	0.099	−0.03	0.592
	有宗教信仰（无=0）	−0.01	0.732	0.01	0.852	−0.01	0.864
	党员（非党员=0）	0.07	0.008	0.09	0.001	0.17	0.000
	健康状况	0.11	0.000	0.09	0.000	0.12	0.000
	务农（无工作=0）	0.17	0.000	0.06	0.137	−0.02	0.718
	非农工作（无工作=0）	0.04	0.124	0.00	0.811	0.01	0.554
	家庭人均年收入的对数	0.04	0.000	0.04	0.000	0.02	0.000

续表

样本	变量	2010—2012 年 系数	p 值	2013—2017 年 系数	p 值	2018—2021 年 系数	p 值
城镇样本	已婚（未婚=0）	0.03	0.331	0.03	0.262	0.09	0.001
	非农户口（农业户口=0）	−0.03	0.012	0.00	0.838	0.02	0.036
	城镇收入比重	−0.51	0.183	0.83	0.093	3.51	0.033
	城镇化率	−0.96	0.139	2.43	0.000	10.06	0.000

注：连续变量均进行了中心化处理。为便于解释，年龄使用的是中心化后除以10的值，年龄的平方使用的是中心化后除以10再平方的值。

结合第五章关于隧道效应的理论假设，上述影响是否受到经济增速的调节作用？将经济增速与城镇化率和城乡收入比重的交互项纳入回归模型，并将经济发展水平与城镇化率和城乡收入比重的交互项作为竞争假设同时纳入，结果发现（见表6-1-2），人均GDP与城镇化率和城乡收入比重的交互项对城乡居民的公平感均没有显著预测作用，竞争假设不成立。但是，人均GDP增速与城镇化率的交互项能显著预测农村居民的公平感。具体表现为（见图6-1-2），当经济增速较低时，城镇化率对农村居民公平感的拉低作用更明显。而对于城镇居民的公平感，人均GDP增速与城镇化率和城镇收入比重的交互效应均不显著，仅经济发展水平和经济增速的主效应为显著正向，但从图6-1-2来看，当经济增速较低时，城镇化率对城镇居民公平感的拉高作用也更明显，虽然不显著。这些结果说明，是城镇化率经由经济增速的调节作用，影响了城乡居民的公平感，而非城镇收入比重。

表6-1-2 经济发展水平和经济增速对城镇化率和城镇收入比重的调节作用

变量	农村样本 系数	p 值	城镇样本 系数	p 值
截距	3.20	0.000	2.96	0.000
男性（女性=0）	0.00	0.777	−0.01	0.343
年龄	0.15	0.000	0.05	0.000
年龄的平方	0.03	0.000	0.03	0.000

续表

变量	农村样本 系数	农村样本 p值	城镇样本 系数	城镇样本 p值
受教育年限	0.00	0.880	0.00	0.357
汉族（少数民族=0）	−0.12	0.000	−0.05	0.051
有宗教信仰（无=0）	−0.10	0.000	−0.01	0.732
党员（非党员=0）	0.12	0.000	0.10	0.000
健康状况	0.08	0.000	0.10	0.000
务农（无工作=0）	0.02	0.212	0.07	0.007
非农工作（无工作=0）	0.02	0.310	0.02	0.183
家庭人均年收入的对数	0.02	0.000	0.03	0.000
已婚（未婚=0）	−0.02	0.438	0.04	0.012
非农户口（农业户口=0）	−0.02	0.131	0.00	0.442
人均GDP	0.27	0.002	0.40	0.000
人均GDP增速	0.52	0.006	0.61	0.000
城镇收入比重	−0.63	0.142	−0.05	0.908
城镇化率	−1.28	0.061	0.99	0.075
人均GDP × 城镇收入比重	−0.33	0.394	0.16	0.652
人均GDP × 城镇化率	0.38	0.498	0.55	0.266
人均GDP增速 × 城镇收入比重	2.82	0.196	0.62	0.786
人均GDP增速 × 城镇化率	9.76	0.014	−3.01	0.347

注：连续变量均进行了中心化处理。为便于解释，年龄使用的是中心化后除以10的值，年龄的平方使用的是中心化后除以10再平方的值。

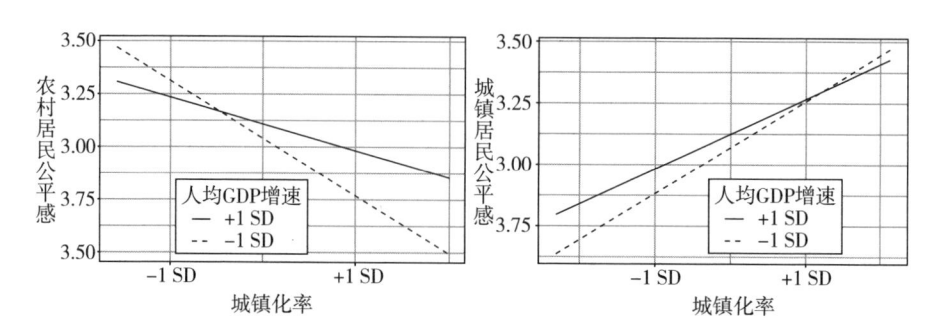

图6-1-2 经济增速和城镇化率对城乡居民公平感的调节作用

（三）城镇化率和社会经济发展对公平感的共同影响

尽管前面研究发现，城镇化率对公平感的影响可能大于城镇收入比重，本部分想要更进一步探讨，城镇化率是否会影响城镇收入比重，从而影响公平感，且这种影响是否会受到经济增速的调节作用。理论模型如图 6-1-3 所示。

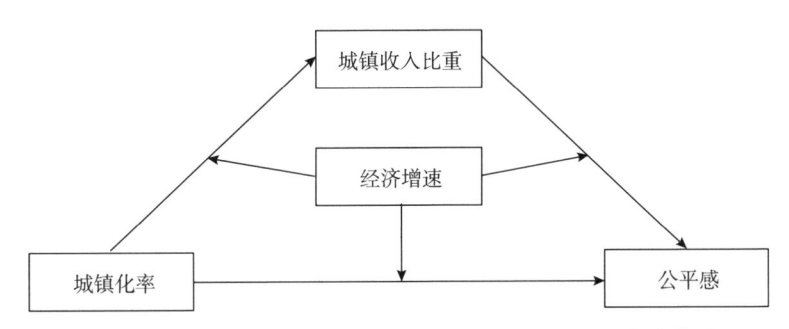

图 6-1-3　城镇化率和社会经济发展对公平感共同影响的模型

结果发现，经济增速在城镇化率和城镇收入比重中有显著调节作用（$B = -2.87$，$p = 0.001$），表现为（见图 6-1-4）城镇化率越高，城镇收入比重越低，但是当经济增速较低时，城镇化率对城镇收入比重的拉低作用

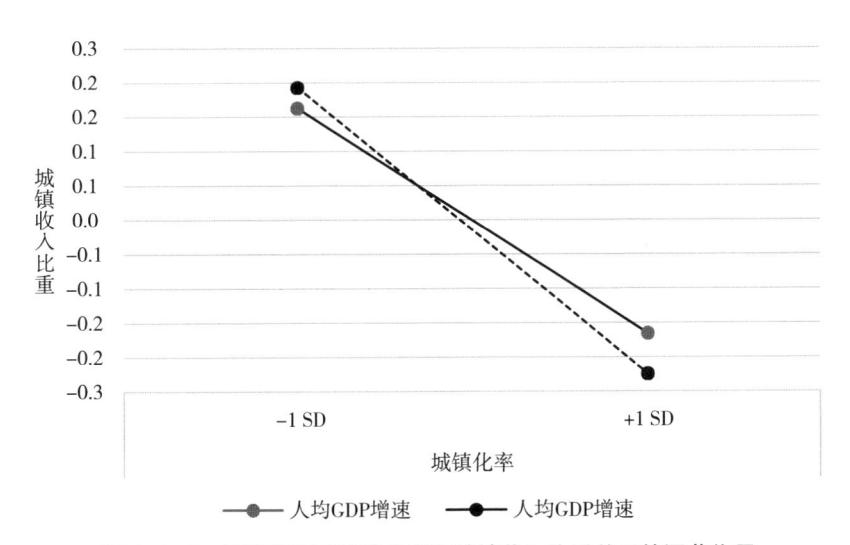

图 6-1-4　经济增速对城镇化率和城镇收入比重关系的调节作用

变得更不明显。前面提到，城镇化率的提高一方面可能通过增加城镇人口，来降低城镇收入比重；另一方面增加的城镇人口也可能带来更多的城镇总收入，而增加城镇收入比重。从图6-1-4的结果来看，当经济增速较低时，城镇化率对城镇收入比重的增加作用大于降低作用，这也与第五章的发现不谋而合，即当经济增速较低时，城镇化率的提高和经济发展水平的提高一样，都可能增大城乡差距。

那么，这个过程会对城乡居民的公平感产生什么样的影响？以下分析城镇化率对公平感的直接作用和经由城镇收入比重的间接作用，以及经济增速的调节作用。从表6-1-3可以看到，对于农村样本，在经济增速高或中等时，城镇化率对其公平感有显著正向的直接效应，且经济增速越高，对农村居民公平感的拉高作用越明显。但是城镇化率对农村居民公平感的间接效应，只在经济增速高时显著，表现为城镇化率越高，城镇收入比重越低，反而拉低了农村居民的公平感。可见，当经济增速高时，城镇化率对农村居民的公平感起到两个相反的作用：一是城镇化率增加本身带来的希望感，提高了农村居民的公平感；二是城镇化率增加通过降低城镇收入比重减少了希望感，从而降低了农村居民的公平感。但是从图6-1-2可知，正向的直接效应抵消了部分负向的间接效应，使得在经济增速较高时，城镇化率对农村居民公平感的拉低作用较小。但是在经济增速较低或中等时，城镇化率对农村居民公平感的直接或间接效应都更为负向（虽然部分不显著），从而拉低作用更明显。

对于城镇样本，城镇化率对其公平感仅有显著的直接效应，表现为经济增速越高，城镇化率越能拉高城镇居民的公平感。而无论在哪种经济增速水平下，城镇化率均不能通过城镇收入比重影响城镇居民的公平感，这是因为城镇收入比重对城镇居民公平感的影响不显著，造成间接路径不显著，这也回应了第五章的结果，即城镇居民的公平感主要受到城镇化率和经济发展水平的影响，而不受城镇收入比重和城镇收入份额的影响。

表 6-1-3　　城镇化率对城乡居民公平感的直接和间接效应

效应类型	省人均GDP增速	农村样本		95% 置信区间		城镇样本		95% 置信区间	
		效应量	标准误	LLCI	ULCI	效应量	标准误	LLCI	ULCI
直接效应	M-1 SD	−0.056	0.142	−0.685	0.969	−0.061	3.145	2.242	4.048
	M	0.001	0.993	0.276	1.709	−0.010	3.406	2.597	4.215
	M+1 SD	0.057	1.844	1.048	2.640	0.040	3.667	2.872	4.462
间接效应	M-1 SD	−0.056	0.058	−0.574	0.693	−0.061	0.313	−0.373	0.963
	M	0.001	−0.311	−0.936	0.330	−0.010	0.121	−0.637	0.839
	M+1 SD	0.057	−0.652	−1.302	−0.027	0.040	−0.102	−0.789	0.507

二　扩大中等收入群体对公平感的促进作用

(一) 扩大中等收入群体

中国推进共同富裕的关键是"扩中提低",即提高低收入者收入水平,使中等收入群体规模得到明显扩大,但是中等收入群体如何测度和界定却存在诸多困难(李金昌、任志远,2023)。李金昌和任志远总结了中等收入群体的界定方式,从统计意义和经济意义两个角度进行区分(李金昌、任志远,2023)。统计意义上,中等收入群体应当是收入水平在全体社会成员中处于中间位置的这部分群体,可以通过四等分法将中间50%的居民归为中等收入群体,或者通过五等分法将中间60%的居民视为中等收入群体。英美两国政府和《中国统计年鉴》都采用了五等分法。图6-2-1呈现了各组2013—2022年的人均可支配收入,[①]可以看到,城乡各组居民的人均可支配收入均呈现线性增长模式。但是,若计算高收入组和低收入组的收入倍差,则可以看到,全体居民人均可支配收入的高低倍差在10倍左右,2013—2015年下降,2015—2018年回升至2018年的最高点10.97倍,之后又下降至2020年的最低点,为10.20倍,随后又有小幅升高,至2022

---

① 因2013年前的统计口径等调整,国家统计局仅公布了2013年及以后的数据。

年时为 10.48 倍。而城镇居民人均可支配收入的高低倍差较小，为 5—6 倍，从 2013 年至 2015 年下降至最低点（5.32 倍），之后波动性上升至 2022 年的最高点，为 6.32 倍；农村居民人均可支配收入的高低倍差大于城镇居民，为 8—9 倍，从 2013 年的最低点（7.41 倍）波动性上升至 2017 年的最高点（9.48 倍），之后不断下降，至 2020 年后又有所回升。

可见，中国居民贫富差距的变化基本上可以划分为三个阶段。2013—2015 年，全体居民和城镇居民的高低收入倍差下降，而农村居民的高低收入倍差上升，此阶段可能主要是农村居民内部贫富差距在增加；2016—2018 年，全体居民和城镇居民的高低收入倍差上升，农村居民的高低收入倍差虽然下降，但是处于较高点，此阶段我国的贫富差距较大；2019—2022 年，城乡居民的高低收入倍差均有波动性上升，但是全体居民人均可支配收入的高低倍差处于较低点，这可能是因为城乡居民间的收入差距有所减小所致。计算城乡各组间的收入倍差可以看到，城乡低收入组间的收入倍差从 2016 年开始不断下降，虽然在 2021 年时有小幅回升，但都处于较低点。而城乡其他收入组间的收入倍差则从 2019 年开始不断下降至最低点。这体现了精准扶贫和脱贫攻坚的作用，而这也可能造成城乡不同收入群体公平感的变化，后续将对此进行重点分析。

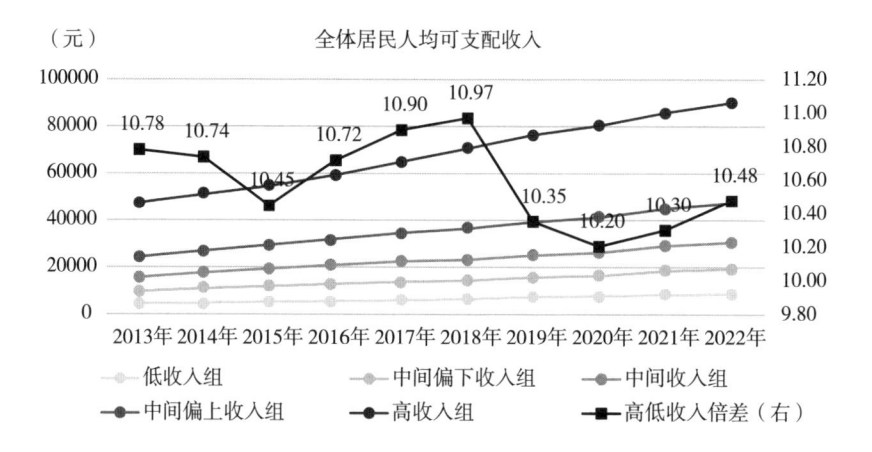

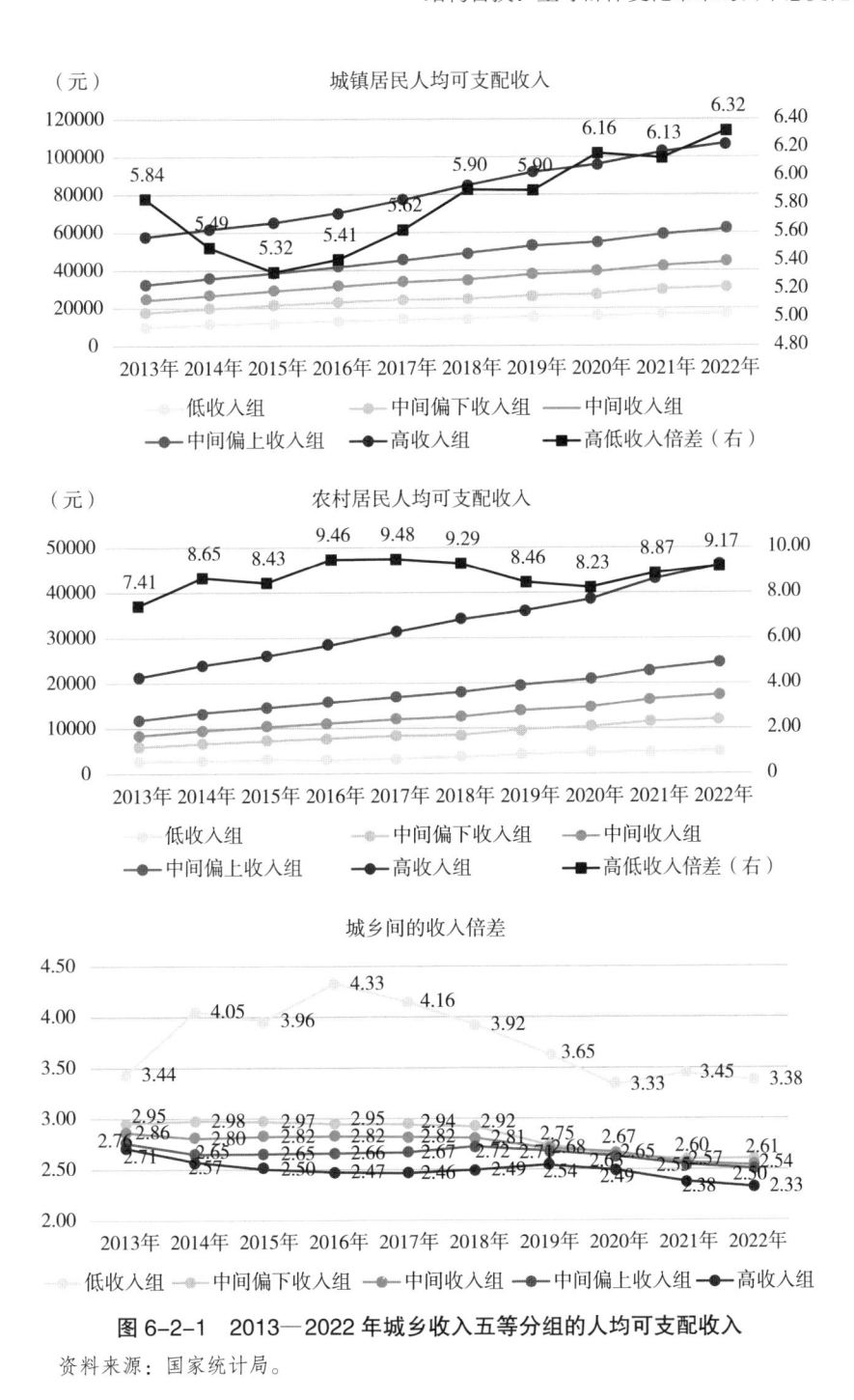

第六章
结构替换：主导群体变化带来的公平感变化

图 6-2-1　2013—2022 年城乡收入五等分组的人均可支配收入

资料来源：国家统计局。

就其经济意义而言，中等收入群体对应着经济体中生活质量处于中等水平、社会地位比较稳定的群体，并常与中产阶层或中间阶层的概念联系在一起，可分为绝对标准和相对标准。绝对标准上，国家统计局基于"三口之家年收入为10万—50万元"这一标准来确定中等收入群体，但这种绝对标准的划分没有考虑到收入的时期变化，随着收入水平的提升，这个绝对标准也应有所变动。相对标准上，有的将中等收入群体界定为收入中位数的0.75—1.25倍或0.75—2倍范围内的居民群体，有的则考虑到城乡差距，将城镇居民人均年收入的0.5—3倍范围内的居民群体界定为中等收入群体。

本章参考OECD 2019年的定义，通过历年CGSS家庭人均年收入数据，将人均年收入中位数的0.75—2倍界定为中等收入群体，并计算中等收入群体的比例。但为使计算出来的中位数和中等收入群体比重更准确，仅使用家庭人均收入大于0且不为缺失值的数据作为有效收入数据，且因涉及收入分组，为保证各组在计算比重时有足够的人数，仅使用历年调查中各省分城乡有效数据量大于等于100的地区计算收入中位数和中等收入群体比重。

从结果来看（见图6-2-2），我国中等收入群体比重在40%左右，与李培林和崔岩计算出来的比例相一致（李培林、崔岩，2020）。此外，城镇中等收入群体比重高于农村。从时期变化来看，农村中等收入群体比重在经历了波动性上升—下降后，在2017年时处于最低点（38.93%），之后有所回升，到2021年时为42.11%；而低收入群体和高收入群体则均从2017年后有所下降。城镇中等收入群体比重也在经历了波动性上升—下降后，在2013年时处于最高点（52.90%），此后又有所下降，并在2017年后回升到2021年的47.55%；而高收入群体则在2017年后不断下降。

可见，自党的十九大召开以来，随着促进共同富裕一系列政策的出台，中国在扩大中等收入群体方面取得了一些进展。但是，中国低收入群体、中等收入群体以及高收入群体的规模比例约为3.5∶4.5∶2，参考部分发达国家的中等收入群体规模，当社会收入分配格局表现为比较合理的"橄榄形"结构时，中等收入群体比重大致保持在60%左右，三者比例接近3∶6∶1（李金昌、任志远，2023）。中国低、高收入群体仍然较多，而中等收入群体规模不足，应继续调节低、高收入，扩大中等收入群体。

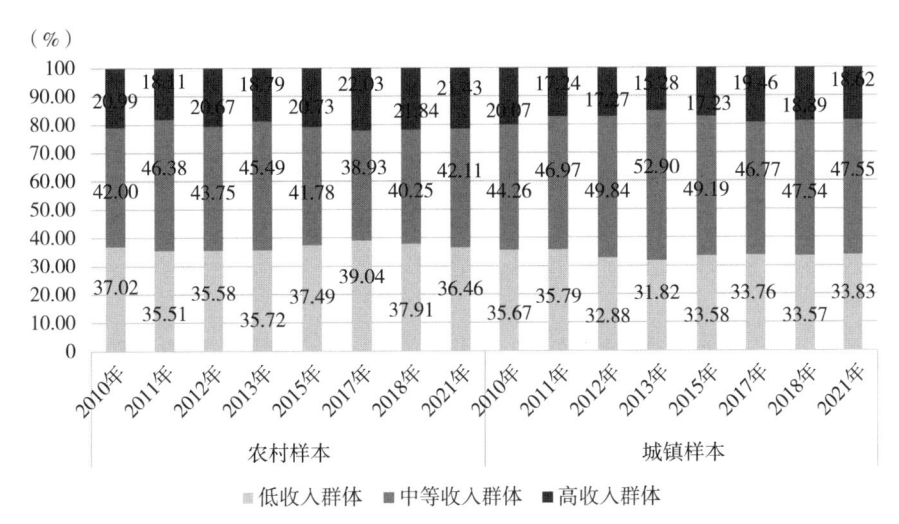

图 6-2-2　CGSS 中不同收入群体的比例

（二）不同收入群体占比对城乡不同收入群体公平感的影响

第四章已经分析了城乡不同收入群体公平感的变迁，在此，按家庭人均年收入的 0.75—2 倍界定中等收入群体后，再计算低、中、高收入群体公平感的变迁，并重点关注中等收入群体公平感的变迁。如图 6-2-3 所示，在控制了变量之后，城镇不同收入群体的公平感相对上升幅度较大，且在 2015 年后分化明显；在 2021 年时，城乡居民均是低收入群体公平感低于中等收入群体，而中等收入群体公平感低于高收入群体，这与第四章的结果一致。但是，这种公平感的变迁是否与不同收入群体占比的变化有关？以下将分析不同收入群体占比对城乡不同收入群体公平感的影响。

同样将时期分为 2010—2012 年、2013—2017 年、2018—2021 年三个阶段来分析。不同的是，不仅分城乡样本，城乡内部也要区分不同收入群体来分析他们公平感的变化。使用分层线性模型，将省份作为层二变量，结果如表 6-2-1 所示。从分阶段的结果来看，多数情况下，不同收入群体占比对公平感的影响都不显著，且未发现明显的隧道效应转向。但是，若将所有时期的数据合并在一起分析，却出现了有趣的结果。

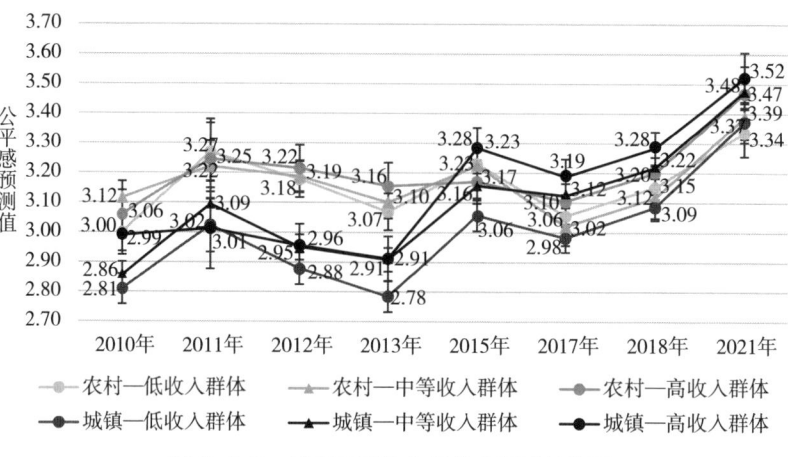

图 6-2-3 城乡不同收入群体公平感的变迁

2010—2021年，农村高收入群体占比拉高了农村低收入群体的公平感，农村中等收入群体占比拉高了农村中、高收入群体公平感，而农村低收入群体占比拉低了农村三个群体的公平感。但是，2010—2021年，城镇高收入群体占比拉低了城镇三个群体的公平感，城镇中等收入群体占比拉高了城镇中等收入群体公平感，城镇低收入群体占比对城镇三个群体的公平感均没有显著影响。如果将城乡看作两个不同空间，那么城乡不同收入群体占比实际上代表的是城乡内部的差距。Cheung 认为城乡的社会经济发展程度不同，可将农村看作是处于经济发展初期，城镇处于经济发展中后期（Cheung, 2016）。这样的话，根据隧道效应假设，农村高收入群体占比拉高了农村低收入群体的公平感，表示农村低收入居民的公平感仍处于正向隧道效应时期，而城镇高收入群体占比却拉低了城镇低收入群体的公平感，表明城镇低收入居民的公平感可能会向负向隧道效应转变。

表 6-2-1　不同收入群体占比对城乡不同收入群体公平感的影响

样本	变量	2010—2012年 系数	p值	2015—2017年 系数	p值	2018—2021年 系数	p值	2010—2021年 系数	p值
农村低收入群体	低收入群体占比	-1.39	0.060	-1.35	0.020	0.22	0.787	-0.89	0.01
	中等收入群体占比	0.65	0.224	0.49	0.196	-0.09	0.871	0.09	0.71
	高收入群体占比	0.35	0.657	0.16	0.756	-0.02	0.987	0.74	0.03

续表

样本	变量	2010—2012年 系数	p值	2015—2017年 系数	p值	2018—2021年 系数	p值	2010—2021年 系数	p值
农村中等收入群体	低收入群体占比	−0.78	0.225	−2.62	0.000	−0.59	0.470	−1.79	0.00
	中等收入群体占比	0.10	0.825	1.01	0.004	0.33	0.545	0.72	0.00
	高收入群体占比	0.78	0.277	0.01	0.991	−0.23	0.807	0.22	0.50
农村高收入群体	低收入群体占比	−1.41	0.118	−1.00	0.212	0.41	0.660	−1.02	0.02
	中等收入群体占比	0.49	0.422	0.90	0.082	0.05	0.936	0.66	0.03
	高收入群体占比	0.46	0.610	−0.80	0.233	−0.71	0.515	−0.46	0.30
城镇低收入群体	低收入群体占比	0.56	0.363	0.24	0.619	0.80	0.382	−0.20	0.52
	中等收入群体占比	0.06	0.877	−0.02	0.927	−0.57	0.309	0.31	0.10
	高收入群体占比	−0.60	0.284	−0.11	0.784	0.87	0.383	−0.52	0.06
城镇中等收入群体	低收入群体占比	−0.71	0.193	−0.18	0.573	−0.36	0.600	−1.03	0.00
	中等收入群体占比	0.91	0.007	0.10	0.566	0.07	0.850	0.67	0.00
	高收入群体占比	−1.22	0.008	−0.13	0.646	0.11	0.864	−0.84	0.00
城镇高收入群体	低收入群体占比	0.83	0.265	0.47	0.460	−0.81	0.347	−0.01	0.98
	中等收入群体占比	−0.23	−1.186	−0.05	0.890	0.32	0.472	0.32	0.20
	高收入群体占比	−0.17	0.805	−0.22	0.682	−0.25	0.731	−0.66	0.06

注：连续变量均进行了中心化处理。为节省篇幅，控制变量结果未予展示。阴影部分代表 $p<0.05$。

（三）中等收入群体占比、贫富差距和经济增速的共同作用

前面的分析仅考虑了不同收入群体占比，但是它无法完全反映收入不平等的情况。实际上，中等收入群体占比较多的地方，也可能存在贫富差距较大的可能性。因此，本部分将考察中等收入群体占比和贫富差距对公平感的共同影响。贫富差距使用通过CGSS计算出来的各省高收入群体的平均收入除以低收入群体的平均收入来代表。并且也将考察如果扩大中等收入群体，是否会降低贫富差距，进而影响城乡不同收入群体的公平感。并且本章假设城乡处于不同经济发展阶段，农村处于社会经济发展初期，

在正向隧道效应期间，无论省经济增速水平如何，农村内部高收入群体的车速都将拉高农村低收入群体的公平感。但是城镇的社会经济发展到了一定阶段，有可能会出现正向隧道效应到负向隧道效应的转变，即当经济增速高时，城镇内部高收入群体的车速将拉高城镇低收入群体的公平感，但是当经济增速低时，城镇内部高收入群体的车速将拉低城镇低收入群体的公平感。并且考虑到共同富裕的关键是"扩中提低"，还假设中等收入群体占比才是提高各群体公平感的关键，尤其是在经济增速较低时，它的重要性也即直接效应或许更为突出。

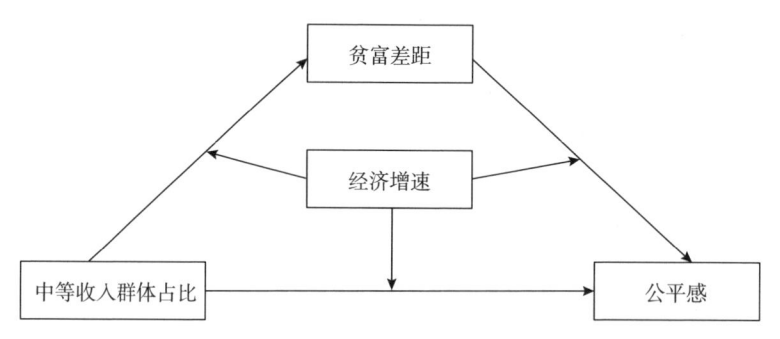

图 6-2-4 中等收入群体占比和贫富差距对公平感共同影响的模型

首先分析中等收入群体占比对贫富差距的影响，结果发现，农村中等收入群体占比对农村贫富差距没有显著预测作用（$B = -21.33, p = 0.264$），且经济增速没有显著的调节作用（$B = 64.73, p = 0.869$）；但是城镇中等收入群体占比能显著负向预测城镇贫富差距（$B = -17.68, p = 0.015$），经济增速的调节作用在 0.1 水平上显著（$B = 237.82, p = 0.080$），表现为当经济增速较低时，扩大城镇中等收入群体占比对降低城镇贫富差距的作用更明显（见图 6-2-5）。

接下来笔者将分城乡不同收入群体来验证图 6-2-4 的理论模型，结果如表 6-2-2 所示，对于农村居民，中等收入群体占比对农村低收入群体无显著直接效应，而当经济增速处于中等或较低水平时，中等收入群体占比能显著正向拉高农村中等或高收入群体的公平感，正向隧道效应明显。但是经济增速越高，中等收入群体占比对农村不同收入群体公平感的间接

第六章 结构替换：主导群体变化带来的公平感变化

效应就越负向，这是因为当经济增速越高时，扩大农村中等收入群体就越能缩小农村贫富差距，但这也减弱了高收入群体车速对农村居民的拉高作用。

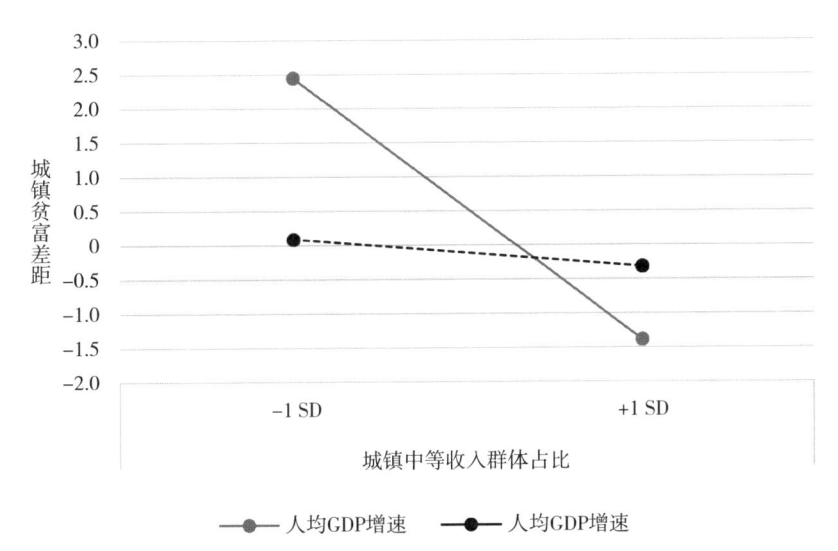

图 6-2-5　经济增速对城镇中等收入占比和城镇贫富差距关系的调节作用

对于城镇居民，经济增速越高，中等收入群体占比对城镇不同收入群体的直接效应就变得越正向，尽管对于高收入群体，直接效应均不显著。且不同于对农村居民公平感的影响，经济增速越高，中等收入群体占比对城镇不同收入群体公平感的间接效应也变得越正向。这可能是因为城镇居民的公平感处于负向隧道效应之中，高收入群体车速的拉高作用弱化了，扩大中等收入群体占比缩小了贫富差距，直接提高了他们的公平感。

从上述结果可以看到，扩大中等收入群体占比对处于不同经济发展阶段的城乡的公平感是有不同影响的。对于处于经济发展初期的农村居民，扩大中等收入群体占比一方面可以提高他们的公平感，另一方面也会通过降低高收入群体车速来降低他们的公平感；而对于处于经济发展到了一定程度的城镇居民来说，扩大中等收入群体的直接和间接作用都是正向的，且经济增速越高，正向作用越强。可见，在经济发展初期，一定程度的贫富差距是可以起到激励作用，有利于提高公平感的；而在经济发展到了一定程度后,扩大中等收入群体将对公平感起到主要促进作用。

表 6-2-2　中等收入群体占比对城乡不同收入群体公平影响的直接和间接效应

样本	效应	省人均GDP增速	低收入群体 效应量	低收入群体 95%置信区间 LLCI	低收入群体 95%置信区间 ULCI	中等收入群体 效应量	中等收入群体 95%置信区间 LLCI	中等收入群体 95%置信区间 ULCI	高收入群体 效应量	高收入群体 95%置信区间 LLCI	高收入群体 95%置信区间 ULCI
农村	直接效应	M−1 SD	0.35	−0.31	1.02	1.04	0.44	1.64	1.03	0.17	1.88
农村	直接效应	M	0.25	−0.21	0.72	0.78	0.35	1.21	0.83	0.23	1.43
农村	直接效应	M+1 SD	0.15	−0.56	0.86	0.52	−0.13	1.18	0.63	−0.28	1.54
农村	间接效应	M−1 SD	0.00	−0.01	0.01	0.02	0.00	0.04	0.02	−0.01	0.07
农村	间接效应	M	−0.08	−0.14	−0.03	−0.06	−0.10	−0.02	−0.10	−0.19	−0.03
农村	间接效应	M+1 SD	−0.26	−0.47	−0.08	−0.19	−0.36	−0.05	−0.36	−0.67	−0.14
城镇	直接效应	M−1 SD	0.30	−0.19	0.79	0.74	0.39	1.10	0.56	−0.10	1.22
城镇	直接效应	M	0.61	0.21	1.02	0.88	0.58	1.18	0.25	−0.29	0.78
城镇	直接效应	M+1 SD	0.93	0.35	1.50	1.02	0.55	1.48	−0.06	−0.82	0.69
城镇	间接效应	M−1 SD	−0.40	−0.57	−0.16	−0.23	−0.38	−0.06	−0.10	−0.38	0.14
城镇	间接效应	M	−0.25	−0.34	−0.17	−0.17	−0.26	−0.11	−0.18	−0.30	−0.09
城镇	间接效应	M+1 SD	−0.09	−0.15	−0.04	−0.09	−0.14	−0.05	−0.14	−0.20	−0.06

三　产业结构调整、工作状况和城乡居民公平感

(一)中国的产业结构调整

随着全球工业化和服务业的发展,第一产业(农、林、牧、渔业)就业比例下降,第二产业(采矿业,制造业,电力、热业、燃气及水生产和供应业,建筑业)和第三产业(服务业)就业比例上升。从我国数据来看(见图 6-3-1),2003 年至 2022 年,第一产业就业比例从 49.1% 不断下降到 2021 年的 22.9%,后于 2022 年有所回升到 24.1%;第二产业就业比例从 21.6% 上升到 2012 年的 30.5%,后又下降至 2019 年的 28.1%,之后基本在 29% 左右。第三产业就业比例从 29.3% 不断上升到 2021 年的 48.0%,

后于 2022 年又回降到 47.1%。可见，第三产业就业比例的变化趋势与第一产业就业比例正好是相反的，在就业比例上，产业结构由原来的第一产业为主，变成了以第三产业为主。但是，在三次产业增加比例上，第三产业的变化趋势与第二产业是相反的。两者均经历了一些波动，但总的来说，第三产业增加比例有所上升，从 2003 年的 42.0% 上升到 2022 年的 52.8%；第二产业增加比例则有所下降，从 2003 年的 45.6% 下降到 2022 年的 39.9%。第三产业增加值则从 2003 年的 12.3% 下降到 2022 年的 7.3%。从产业增加值上来看，产业结构也变成了以第三产业为主。

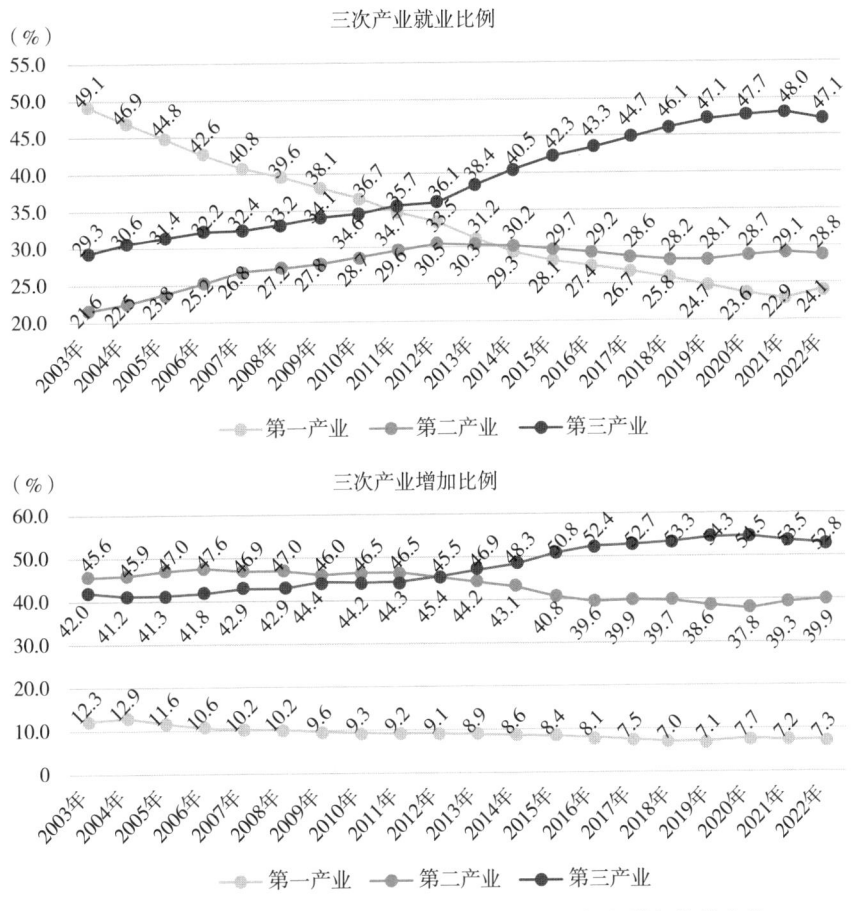

图 6-3-1　2003—2022 年全国三次产业就业比例和增加值的变化

资料来源：国家统计局。

产业结构调整也会影响城乡就业状况,从城乡就业率[①]来看(见图 6-3-2),城镇就业率相对平稳,保持在 50% 左右;而农村就业率在 2003—2011 年相对平稳,在 61% 左右,2011 年后不断下降,从 61.8% 下降到 55.8%。因为第一产业就业的主要来源是农村居民,产业结构调整可能会通过影响城乡居民就业率来影响他们的公平感。本章将对此进行分析,在此之前,笔者将分别分析产业结构调整和工作状况对城乡居民公平感的影响。

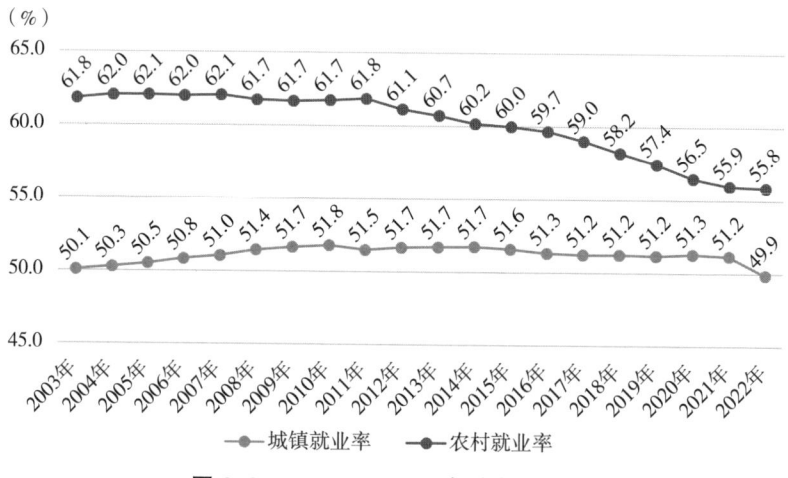

图 6-3-2　2003—2022 年城乡就业率

(二)第三产业就业比例和经济增速的共同作用

采用各省统计年鉴中的第三产业就业比例数据,将时期分为 2010—2012 年、2013—2017 年、2018—2021 年三个阶段,使用分层线性模型,将省份作为层二变量来分析。结果发现(见表 6-3-1),2018—2021 年,第三产业就业比例越高,农村居民的公平感就显著越高;2013—2021 年,第三产业就业比例越高,城镇居民的公平感也就显著越高,且第三产业就业比例对城镇居民公平感的系数在 2018—2021 年比在 2013—2017 年更大。

---

① 使用城乡就业人数除以城乡总人口。

表 6-3-1　第一产业就业比例对城乡居民公平感的分阶段影响

样本	变量	2010—2012 年 系数	2010—2012 年 p 值	2013—2017 年 系数	2013—2017 年 p 值	2018—2021 年 系数	2018—2021 年 p 值
农村样本	截距	3.29	0.000	3.19	0.000	3.24	0.000
	男性（女性=0）	−0.06	0.016	0.01	0.529	0.08	0.011
	年龄	0.14	0.000	0.15	0.000	0.15	0.000
	年龄的平方	0.02	0.006	0.03	0.000	0.04	0.000
	受教育年限	−0.01	0.145	0.00	0.337	0.00	0.272
	汉族（少数民族=0）	−0.10	0.017	−0.12	0.002	−0.12	0.049
	有宗教信仰（无=0）	−0.13	0.000	−0.09	0.012	−0.02	0.699
	党员（非党员=0）	0.11	0.032	0.11	0.025	0.19	0.003
	健康状况	0.07	0.000	0.08	0.000	0.11	0.000
	务农（无工作=0）	0.05	0.120	0.02	0.502	−0.02	0.653
	非农工作（无工作=0）	0.04	0.350	0.00	0.944	0.07	0.106
	家庭人均年收入的对数	0.02	0.025	0.02	0.010	0.02	0.008
	已婚（未婚=0）	−0.03	0.400	0.00	0.901	−0.01	0.759
	非农户口（农业户口=0）	−0.06	0.073	−0.01	0.809	−0.02	0.382
	第三产业就业比例	0.83	0.256	−0.55	0.070	1.28	0.000
城镇样本	截距	2.89	0.000	2.95	0.000	2.95	0.000
	男性（女性=0）	−0.02	0.204	−0.03	0.128	0.03	0.100
	年龄	0.06	0.000	0.05	0.000	0.03	0.002
	年龄的平方	0.03	0.000	0.03	0.000	0.03	0.000
	受教育年限	0.00	0.506	0.01	0.051	0.00	0.903
	汉族（少数民族=0）	−0.07	0.136	−0.06	0.104	−0.03	0.561
	有宗教信仰（无=0）	−0.01	0.711	0.00	0.866	−0.01	0.873
	党员（非党员=0）	0.07	0.009	0.08	0.001	0.17	0.000
	健康状况	0.11	0.000	0.09	0.000	0.12	0.000
	务农（无工作=0）	0.17	0.000	0.07	0.123	−0.02	0.706
	非农工作（无工作=0）	0.04	0.123	0.01	0.712	0.02	0.506
	家庭人均年收入的对数	0.04	0.000	0.04	0.000	0.04	0.000
	已婚（未婚=0）	0.03	0.317	0.02	0.336	0.09	0.001

续表

样本	变量	2010—2012年 系数	p值	2013—2017年 系数	p值	2018—2021年 系数	p值
	非农户口（农业户口=0）	-0.03	0.010	0.00	0.990	0.02	0.035
	第三产业就业比例	0.20	0.602	1.30	0.000	2.40	0.000

注：连续变量均进行了中心化处理。

这与经济增速间是种什么关系？将经济增速与第三产业就业比例的交互项纳入回归模型，并将经济发展水平与第三产业就业比例的交互项作为竞争假设同时纳入，结果发现（见表6-3-2），对于农村居民的公平感，经济发展水平和经济增速与第三产业就业比例的交互项均对其有显著预测作用；对于城镇居民的公平感，仅经济增速与第三产业就业比例的交互项对其有显著预测作用。具体而言（见图6-3-3），经济发展水平或经济增速越高，第三产业就业比例对农村居民公平感的拉高作用越明显；而经济增速越低，第三产业就业比例对城镇居民公平感的拉高作用越明显。这可能是因为当经济发展水平或经济增速高时，农村居民的公平感处于正向隧道效应中，因此第三产业比例的拉高作用更明显；而当经济增速低时，城镇居民的公平感可能会进入负向隧道效应，表现为第三产业就业比例的拉高作用更明显。

表6-3-2 经济发展水平和经济增速对第一产业就业比例和公平感的调节作用

变量	农村样本 系数	p值	城镇样本 系数	p值
截距	3.22	0.000	2.98	0.000
男性（女性=0）	0.00	0.786	-0.01	0.365
年龄	0.15	0.000	0.05	0.000
年龄的平方	0.03	0.000	0.03	0.000
受教育年限	0.00	0.881	0.00	0.332
汉族（少数民族=0）	-0.12	0.000	-0.05	0.067
有宗教信仰（无=0）	-0.10	0.000	0.00	0.809
党员（非党员=0）	0.12	0.000	0.10	0.000
健康状况	0.08	0.000	0.10	0.000

续表

变量	农村样本 系数	农村样本 p 值	城镇样本 系数	城镇样本 p 值
务农（无工作=0）	0.02	0.158	0.08	0.005
非农工作（无工作=0）	0.02	0.260	0.02	0.172
家庭人均年收入的对数	0.02	0.000	0.03	0.000
已婚（未婚=0）	−0.01	0.477	0.04	0.012
非农户口（农业户口=0）	−0.02	0.130	0.00	0.460
人均GDP	0.09	0.106	0.33	0.000
人均GDP增速	0.24	0.139	0.53	0.000
第三产业就业比例	0.55	0.096	1.68	0.000
人均GDP × 第三产业就业比例	0.65	0.009	−0.17	0.121
人均GDP增速 × 第三产业就业比例	4.90	0.023	−3.69	0.012

注：连续变量均进行了中心化处理。

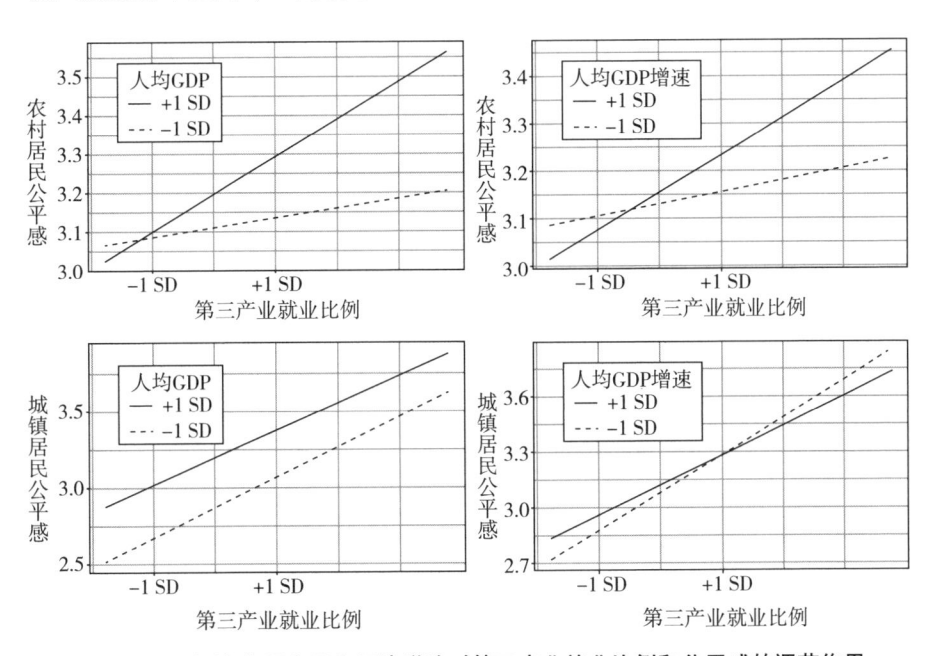

图 6-3-3　经济发展水平和经济增速对第三产业就业比例和公平感的调节作用

（三）第三产业就业比例、工作状况和经济增速的共同影响

笔者将工作状况分为目前从事非农工作、目前务农和目前没有工作三类进行分析。第四章已经呈现了不同工作状况间公平感的变化（见图 4-2-

9），结果显示，非农工作者的公平感相对上升幅度最大，而务农工作者的公平感相对上升幅度最小。如果将所有年份混在一起，并将年份作为控制变量的话（见表6-3-3，模型1），会发现务农者的公平感显著高于非农工作者，非农工作者的公平感显著高于无工作者。

在工作状况和居住地间建立交互项（见表6-3-3，模型2；图6-3-4），会发现工作状况和居住地间的交互作用显著，具体表现为，农村居民中均是务农者的公平感最高，非农工作者和无工作者的公平感没有显著差异。但是对于城镇居民，三种工作状况均没有显著差异，其中从事非农工作者的公平感最高，其次是务农者，最低的是无工作者，这说明在城镇获得一份非农工作是有助于提升公平感的。考虑到户籍状况的影响，在工作状况和户口间建立交互项的结果与居住地的类似（见表6-3-3，模型3；图6-3-4），对于非农户口的民众来说，获得一份非农工作也是有助于提升公平感的。进一步在工作状况、居住地和户籍状况间建立交互项[①]（见表6-3-3，模型4），会发现三者的交互作用均不显著。

表6-3-3　　　　　工作状况对城乡居民公平感的影响

变量	模型1	模型2	模型3	模型4
截距	2.354***	2.366***	2.339***	2.335***
男性（女性=0）	−0.006	−0.004	−0.007	−0.007
年龄	0.085***	0.087***	0.096***	0.096***
年龄的平方	0.025***	0.026***	0.027***	0.027***
汉族（少数民族=0）	−0.093***	−0.092***	−0.089***	−0.089***
有宗教信仰（无=0）	−0.044***	−0.043***	−0.055***	−0.054***
受教育年限	0.002	0.002	0.001	0.001
家庭人均年收入的对数	0.028***	0.029***	0.029***	0.029***
党员（非党员=0）	0.102***	0.100***	0.106***	0.105***
健康状况	0.092***	0.092***	0.094***	0.094***
已婚（未婚=0）	−0.008	−0.006	−0.015	−0.015

① 仅研究农业户口与非农户口，而将居民户口设为缺失值。

第六章 结构替换：主导群体变化带来的公平感变化

续表

变量	模型1	模型2	模型3	模型4
非农户口（农业户口=0）	−0.044***	−0.046***	−0.117***	−0.067
居民户口以前是非农户口（农业户口=0）	−0.067***	−0.068***		
居民户口以前是农业户口（农业户口=0）	0.002	0.001		
居民户口（农业户口=0）	−0.113**	−0.114**		
城镇（农村=0）	−0.157***	−0.190***	−0.156***	−0.151***
务农（无工作=0）	0.083***	0.066***	0.053***	0.060***
非农工作（无工作=0）	0.035***	−0.027	−0.019	−0.027
务农 × 城镇		−0.012		−0.047
非农工作 × 城镇		0.083***		0.012
务农 × 非农户口			0.015	−0.007
非农工作 × 非农户口			0.124***	0.051
城镇 × 非农户口				−0.057
务农 × 城镇 × 非农户口				0.028
非农工作 × 城镇 × 非农户口				0.073
N	64403	64403	55783	55783
R^2	0.053	0.053	0.055	0.055
F	70.49***	68.25***	64.01***	58.56***

注：* 表示 $p<0.1$，** 表示 $p<0.05$，*** 表示 $p<0.01$。省份和年份已控制。模型3中仅研究了农业户口与非农户口，而将居民户口设为缺失值。

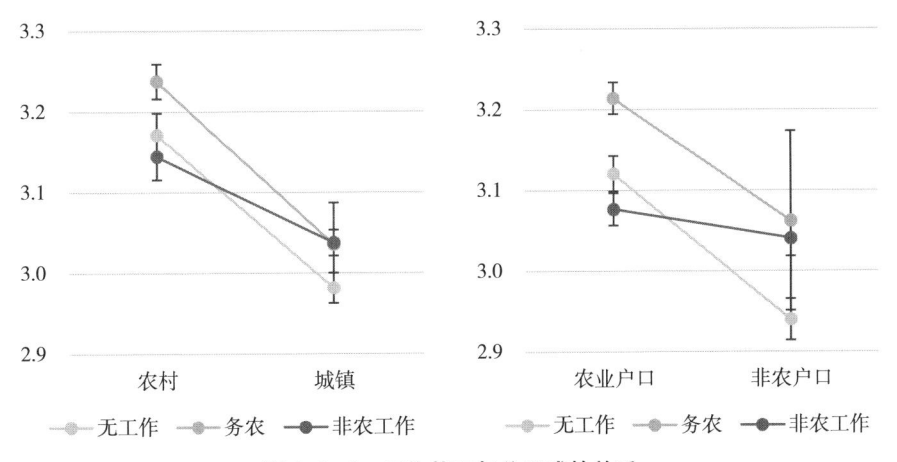

图 6-3-4 工作状况与公平感的关系

这种工作状况与城乡之间的交互作用是否存在时期差异？分时期的分析显示（见图6-3-5），对于农村样本，在2015年前，不同工作状况的公平感几乎是平行变化，均是务农者的公平感高于无工作者，并进一步高于非农工作者；2015年后开始发生变化和调整，到2021年变成非农工作者的公平感高于务农者，并进一步高于无工作者。而对于城镇样本来说，其公平感也是在2015年开始变化，从原来的务农者最高，变成非农工作者最高。

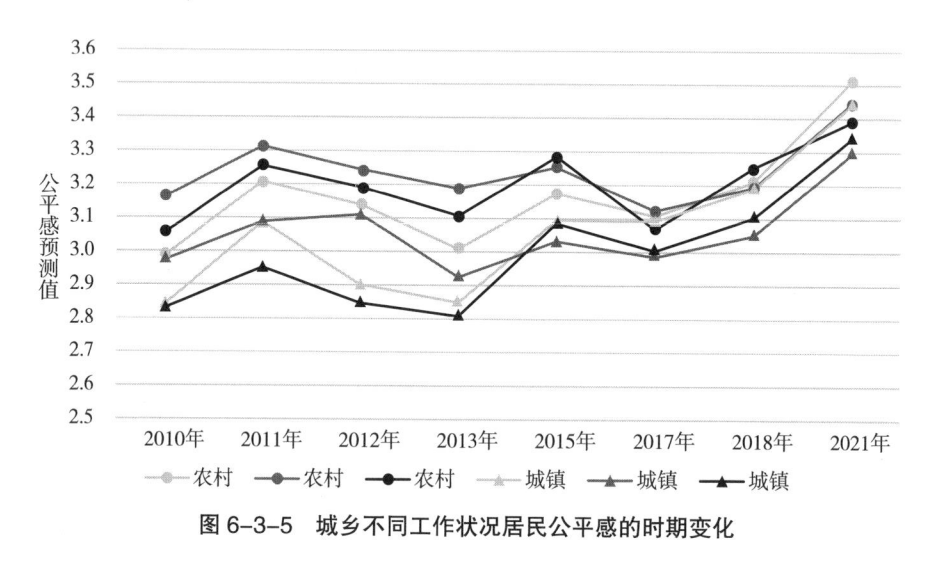

图6-3-5 城乡不同工作状况居民公平感的时期变化

可见，随着时期的变化，务农者的公平感相对下降，非农工作者的公平感相对上升，而无工作者的公平感一直较低。那么这种变化是否与产业结构调整有关？换句话说，是否因为2010—2021年第一产业就业比例下降，导致务农者的公平感相对下降，又是否因为第三产业就业比例的上升，导致非农工作者的公平感相对上升？因为第一产业就业比例和第三产业就业比例高负相关（$r = -0.85$，$p < 0.001$），以下仅以第三产业就业比例与工作状况构建交互项，分析在不同第三产业就业比例的状况下，工作状况对公平感的影响。

以省份为层二变量，并在控制一般变量的基础上，保持经济发展水平和经济增速不变，分层线性模型的结果表明（见图6-3-6），第三产业就业比例越高，城乡居民的公平感越高，但是务农者的公平感提升幅度最低，其次是无工作者，提升幅度最高的是非农工作者。但是从显著性上来说（见表6-3-4），相比农村无工作者，第三产业就业比例与农村务农者的公平感有显著交互作用，而与非农工作者无显著交互作用；相比城镇无工作者，第三产业就业比例与城镇非农工作者的公平感有显著交互作用，而与务农者无显著交互作用。可见，第三产业就业比例主要拉低了农村务农者的公平感，而提高了城镇非农工作者的公平感。

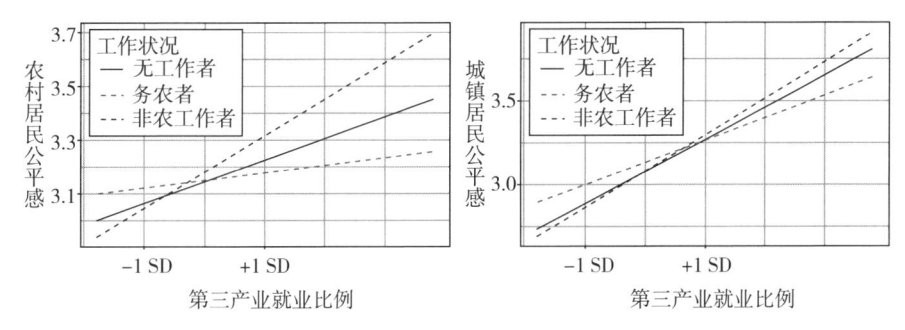

图6-3-6 第三产业就业比例与工作状况的共同影响

表6-3-4 第三产业就业比例与工作状况对城乡居民公平感的影响

变量	农村样本 系数	农村样本 p值	城镇样本 系数	城镇样本 p值
截距	3.24	0.000	2.98	0.000
男性（女性=0）	0.00	0.841	−0.01	0.364
年龄	0.15	0.000	0.05	0.000
年龄的平方	0.03	0.000	0.03	0.000
受教育年限	0.00	0.841	0.00	0.310
汉族（少数民族=0）	−0.12	0.000	−0.05	0.066
有宗教信仰（无=0）	−0.10	0.000	−0.01	0.767
党员（非党员=0）	0.13	0.000	0.10	0.000
健康状况	0.08	0.000	0.10	0.000
务农（无工作=0）	0.01	0.719	0.06	0.048
非农工作（无工作=0）	0.04	0.079	0.01	0.644

续表

变量	农村样本 系数	农村样本 p 值	城镇样本 系数	城镇样本 p 值
家庭人均年收入的对数	0.02	0.000	0.03	0.000
已婚（未婚 =0）	−0.01	0.465	0.04	0.014
非农户口（农业户口 =0）	−0.02	0.121	0.00	0.464
人均 GDP	0.09	0.076	0.27	0.000
人均 GDP 增速	0.18	0.227	0.41	0.001
第三产业就业比例	0.74	0.028	1.75	0.000
第三产业就业比例 × 务农（无工作 =0）	−0.48	0.047	−0.52	0.113
第三产业就业比例 × 非农工作（无工作 =0）	0.50	0.050	0.24	0.001

本章小结

本章发现城镇化、扩大中等收入群体和产业结构调整三种带来结构替换的因素都会对民众的公平感产生影响，且当经济增速变化时，他们对不同群体的公平感影响也将有所变化。

当经济增速较低时，城镇化率的提高和经济发展水平的提高一样，都可能增大城乡差距，而对农村居民的公平感产生更为负向的影响，从而拉低作用更明显。但是，城镇居民的公平感主要受到城镇化率和经济发展水平的影响，而城镇收入比重和城镇收入份额的影响不显著。因此在城镇化过程中，应注意缩小城乡差距，强调平等和公平，让城乡居民可以共享发展的红利，享受合理平等的公共服务，城市反哺农村，推进乡村振兴。[1]

如果将农村看作是处于经济发展初期，城镇处于经济发展中后期的话，根据隧道效应假设，农村高收入群体占比拉高了农村低收入群体的公平感，而城镇高收入群体占比却拉低了城镇低收入群体的公平感。可见，

---

[1] 《政协委员详解城镇化战略与百姓红利》，2013 年 2 月 4 日，中国政协网，http://www.cppcc.gov.cn/zxww/2013/02/06/ARTI1360114225157189.shtml。

在经济发展初期，一定程度的贫富差距是可以起到激励作用，有利于提高公平感的；而在经济发展到了一定程度后，扩大中等收入群体将对公平感起到主要促进作用。因此，在我国经济已经发展到一定程度的现在，扩大中等收入群体将不仅是保障社会客观公平的一个主要路径，也是促进民众主观公平感的一个主要路径。

在经济发展水平或经济增速高时，第三产业就业比例可以拉高农村居民的公平感，但是当经济增速低时，第三产业就业比例仅能拉高城镇居民的公平感。且第三产业就业比例会拉低农村务农者的公平感，而提高城镇非农工作者的公平感。可见，产业结构调整中第三产业就业比例上升的主要受惠的群体是城镇非农工作者，尤其是当经济增速较低时。因此，产业结构调整如何帮助农村居民，尤其是农村务农者转型，提高受教育水平、职业技能和收入水平将成为一个影响他们公平感的问题。

总的来说，本章通过城镇化、扩大中等收入群体和产业结构调整三个例子，及其与经济增速的互动，对第五章的扩展隧道效应进行了更多探讨，并反复证明了在经济增速下降时，应更关注不同群体间的平等问题。

第七章　政策改革：惠及群体及其公平感

习近平总书记指出，推进中国式现代化必须进一步全面深化改革开放，不断解放和发展社会生产力解放和增强社会活力。中国社会处于深刻转型之中，社会政策也在不断进行着调整、改革和优化。社会政策将对公平感产生什么影响？因为社会政策太多，其范围也可大可小，如既可大到一个笼统的经济政策，也可小到一个具体的长护险政策。本章在研究可行性和数据可获得的基础上，选择高等教育扩招、社会保障和户籍改革三个较大的影响范围涵盖多数居民的社会政策为例，分析政策改革对不同群体公平感的影响，及其影响机制。

一　高等教育扩招与不同受教育程度居民的公平感

（一）中国的高等教育扩招

1999年大学扩招政策实施后，中国高等教育规模和高等教育机会快速增长，在随后的5年里，中国高校招生人数以年均20%的幅度增长。高中毕业生进入大学的比例从1998年的46.1%猛增至1999年的63.8%，2002年的83.5%（见图7-1-1）。2006年以来，由于大学毕业生就业问题突出，高校扩招幅度放缓，但仍维持约5%的增长幅度。然而，与此矛盾的是，农村孩子上学的机会多了，但是他们上高职、上大学的比重却下降了（温家宝，2009），大学扩招没有缩小城乡、民族和性别之间的教育机会差距，反而导致了教育不平等的上升（李春玲，2010）。近年来，"寒门难出贵子"的讨论似乎也越来越指向教育的不平等。

另外，教育启蒙论认为教育具有启蒙的作用，受教育程度越高的人，其受平等观念影响更深，进而对不平等的接纳程度更低（Hout，DiPrete，2006）。尽管教育启蒙论有西方中心主义的嫌疑，但确实有研究发现受教育程度更高的人，公平感更低（孙薇薇、朱晓宇，2018）。然而，本书却发现，受教育程度越高，公平感越高（见第四章）。就其结果而言，本研究似乎并不支持教育启蒙论。但是，此前的研究并未对城乡和年代进行细分，无法考察此种变化是否存在城乡差异，以及教育扩招的影响。本节是对前面研究的扩展分析。

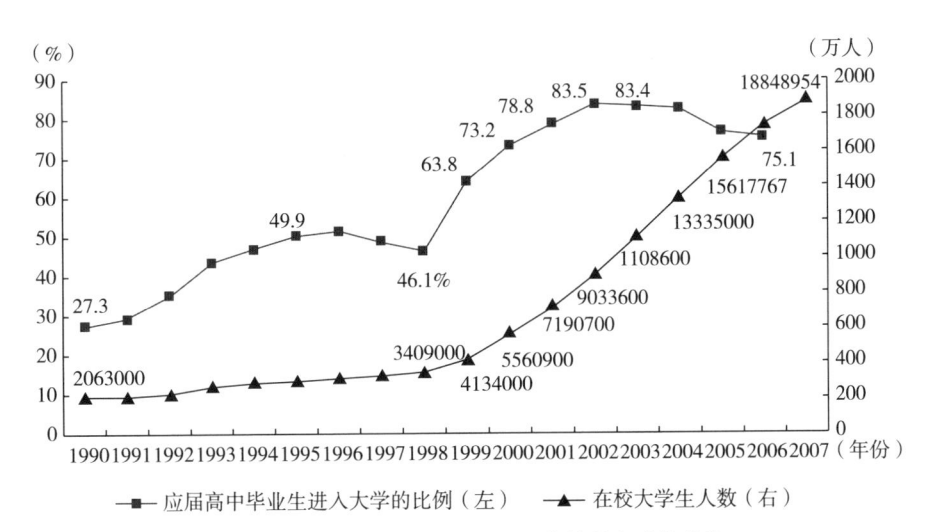

图 7-1-1　1990—2007 年中国高等教育增长趋势

资料来源：文献（李春玲，2010）。

（二）城乡不同受教育程度居民公平感的对比

因中国高等教育扩招政策从 1999 年开始实施，以大多数人是在 18 岁参加高考为标准，可认为 1980 年后出生的人受到了高等教育扩招的影响（张兆曙、陈奇，2013）。按出生年份，分为是否受到高等教育扩招影响两组，处于高等教育扩招阶段的样本情况如下，可以看到（见图 7-1-2），除

2018年以外，2010—2021年的调查中处于高等教育扩招阶段的样本比例是在增加的，这是可以理解的，因为所涵盖的年龄范围扩大了。

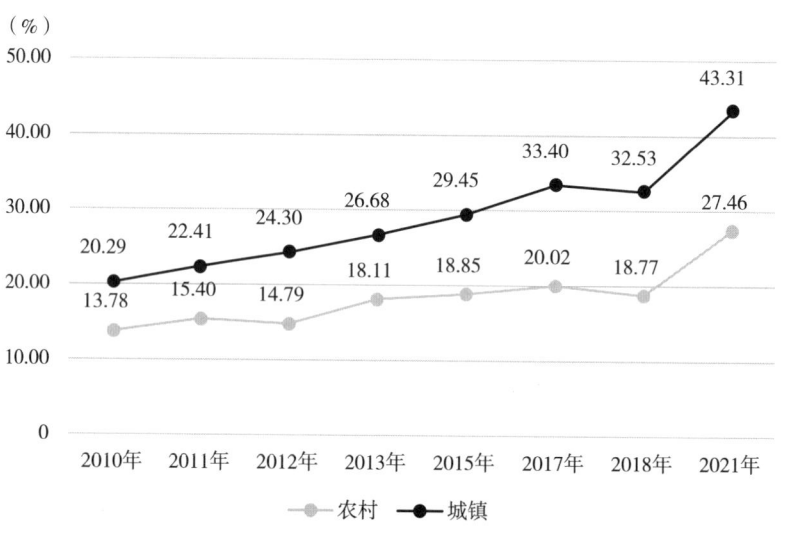

图 7-1-2　各时期处于高等教育扩招阶段的样本情况

城镇数据：2010年20.29，2011年22.41，2012年24.30，2013年26.68，2015年29.45，2017年33.40，2018年32.53，2021年43.31。

农村数据：2010年13.78，2011年15.40，2012年14.79，2013年18.11，2015年18.85，2017年20.02，2018年18.77，2021年27.46。

在控制了年份、省份和年龄等变量后，多元线性回归结果发现（见表7-1-1，模型1），是否处于高等教育扩招阶段对公平感没有显著预测作用。但是，因为教育扩招本身会对受教育程度产生影响，以下将是否处于扩招阶段与受教育程度进行交互，结果发现（见表7-1-1，模型2），处于扩招阶段的人，公平感显著低于扩招前的人，且其与受教育程度的交互作用是正向显著的，这说明两者的差异随着受教育程度的增加有所减少。如图7-1-3所示，小学及以下受教育程度的人，如果他们处于高等教育扩招阶段，公平感显著低于扩招前的人；初中、高中和大专生没有显著差异；本科和研究生受教育程度的人，如果他们处于高等教育扩招阶段，公平感则显著高于扩招前的人。换言之，若处于高等教育扩招阶段，却未能进入中等教育，则其公平感更低；但若能进入高等教育，则其公平感更高。这很好理解，因为如果高等教育扩招了，不能进入高等教育的人数将减少，其受教育程度相对同群体将更低，进而相对匮乏感更高，从而公平感更低，这从侧面也验证了社会比较的作用（见第三章）。

第七章
政策改革：惠及群体及其公平感

那么城乡居民是否会有所不同？分城乡样本的结果发现，对于农村居民而言，处于高等教育扩招阶段的人公平感更低，但仅在 0.10 水平上显著，且与受教育程度的交互作用全部不显著（见表 7-1-1，模型 3）。可见，对于农村居民而言，无论是否处于扩招时代，受教育程度越高，公平感都越高。而城镇居民则表现出与全样本相似的结果，即相对扩招前的人而言，处于扩招阶段，却未能进入中等教育，则其公平感更低（见表 7-1-1，模型 4）。这可能是因为高等教育扩招大大降低了城镇小学及以下受教育程度的比例（见表 7-1-2），而提高了本专科及以上受教育程度的比例，两者之间巨大的差异，使得城镇受教育程度低的居民相对匮乏感更低，从而公平感更低。

表 7-1-1　　是否处于高等教育扩招阶段对公平感的预测作用

变量	模型 1	模型 2	模型 3（农村样本）	模型 4（城镇样本）
截距	2.323***	2.354***	2.804***	2.024***
男性（女性 =0）	0.001	0.009	0.001	−0.002
年龄	0.081***	0.081***	0.143***	0.047***
年龄的平方	0.024***	0.022***	0.027***	0.028***
受教育年限	0	0	0	0
汉族（少数民族 =0）	−0.104***	−0.102***	−0.118***	−0.046*
有宗教信仰（无 =0）	−0.044***	−0.042***	−0.093***	−0.006
党员（非党员 =0）	0.108***	0.090***	0.114***	0.084***
健康状况	0.088***	0.091***	0.084***	0.106***
务农（无工作 =0）	0.132***	0.113***	0.022	0.055*
非农工作（无工作 =0）	0.021*	0.010	0.021	0.007
家庭人均年收入的对数	0.025***	0.024***	0.022***	0.032***
已婚（未婚 =0）	−0.003	0.023*	0.002	0.048***
非农户口（农业户口 =0）	−0.097***	−0.110***	−0.086***	−0.025*
居民户口以前是非农户口（农业户口 =0）	−0.116***	−0.127***	−0.047	−0.071***
居民户口以前是农业户口（农业户口 =0）	−0.044**	−0.054***	−0.034	0.006

续表

变量	模型 1	模型 2	模型 3（农村样本）	模型 4（城镇样本）
居民户口（农业户口 =0）	−0.160***	−0.170***	−0.396	−0.065
扩招后（扩招前 =0）	0.009	−0.187***	−0.079*	−0.230***
初中（小学及以下 =0）		−0.071***	−0.031*	−0.048***
高中（小学及以下 =0）		−0.086***	−0.015	−0.072***
本专科及以上（小学及以下 =0）		0.013	0.132*	0.018
扩招后 × 初中		0.142***	0.065	0.168***
扩招后 × 高中		0.247***	0.088	0.257***
扩招后 × 本专科及以上		0.266***	0.084	0.243***
N	64423	64423	24846	39557
R^2	0.050	0.053	0.056	0.054
F	66.81***	64.57***	26.50***	39.45***

注：*表示 $p<0.1$，**表示 $p<0.05$，***表示 $p<0.01$。年份和省份已控制。

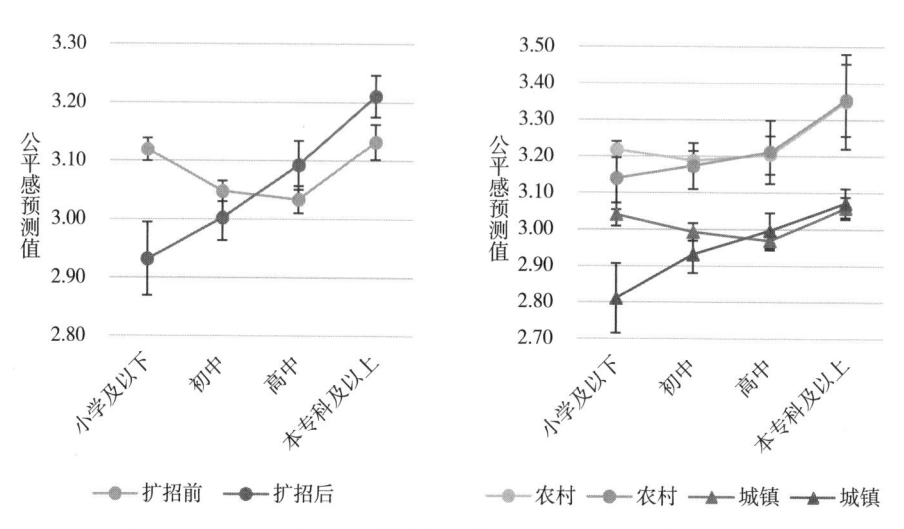

图 7-1-3　是否处于高等教育扩招阶段与受教育程度的交互作用

表 7-1-2　　城乡样本中扩招前后不同受教育程度的居民比例　　（单位：%）

受教育程度	农村样本		城镇样本	
	扩招前	扩招后	扩招前	扩招后
小学及以下	60.74	17.77	24.25	4.53

续表

受教育程度	农村样本		城镇样本	
	扩招前	扩招后	扩招前	扩招后
初中	30.18	44.66	32.27	19.03
高中	7.97	21.63	25.38	24.81
本专科及以上	1.11	15.94	18.11	51.63

（三）招生比例与所在省域居民的公平感对比

高等教育招生比例不仅与扩招有关，它还反映了地区间的教育不平等。使用国家统计局历年各省普通高校招生数除以本省当年高中毕业生数，生成历年各省的高等教育招生比例数据，其值大于1则代表该省招生数大于毕业生数，本省高中毕业生进入高等教育的机会更多；其值小于1代表该省招生数小于毕业生数，本省高中毕业生进入高等教育的机会更少。如图7-1-4所示，招生比例较高的三个省分别是北京、上海和天津，而招生比例较低的省份主要分布在中西部地区。从数据上来看，中西部地区进入高等教育的机会远小于北京、上海和天津的居民。[1]

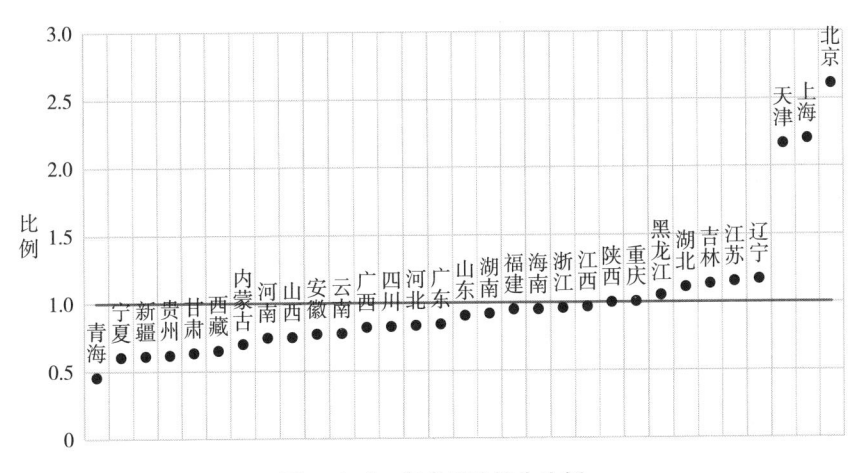

图7-1-4 各省平均招生比例

---

[1] 此处仅指高中毕业生进入高等教育的机会。

那么，高等教育招生比例越高的省，其居民的公平感是否会越高？从结果来看，确实如此。省高等教育招生比例越高，其居民的公平感越高（$B= 0.586, p < 0.001$）。但是分群体来看，高等教育招生比例与城镇居民公平感没有显著的交互作用，但是与农村居民的公平感交互作用均显著，具体表现为（见图7-1-5），对于受教育程度更高的农村居民，高等教育招生比例对其公平感的促进作用更强。也就是说，高等教育招生比例的提升主要提高的是高受教育程度农村居民和城镇居民的公平感。虽然这点结果正好与高等教育扩招对城乡居民的影响相反，但总的来说，都是提高了高等教育所惠及的高受教育程度城乡居民的公平感，而会降低高等教育所未能惠及的低受教育程度城乡居民的公平感。

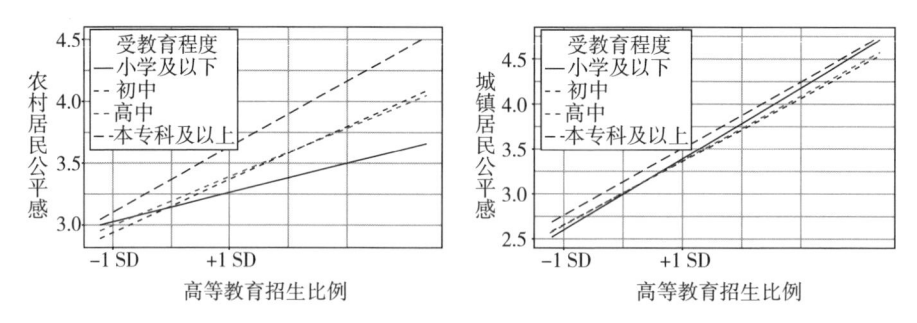

图7-1-5 高等教育招生比例对城乡不同受教育程度居民公平感的影响

使用分层线性回归模型，将省份作为变量，在分省招生比例和个体是否处于招生时期前建立交互作用，因为存在跨层交互，故设定随机截距和随机斜率，结果发现，招生比例的主效应显著（$B = 0.528, p < 0.001$），但是否处于招生时期的主效应不显著（$B = 0.023, p = 0.468$），招生比例与是否处于招生时期有显著正向的交互作用（$B = 0.163, p < 0.001$）。具体表现为（见图7-1-6），对于在高等教育招生比例较高省份的居民来说，如果他们也正好处于扩招后的时期，则公平感更高。因此，总的来看，高等教育扩招对居民公平感的影响，主要取决于居民是否被高等教育扩招所惠及，如相对受教育水平的提升或相对进入高等教育的机会更多，如果是的话，其公平感更高。

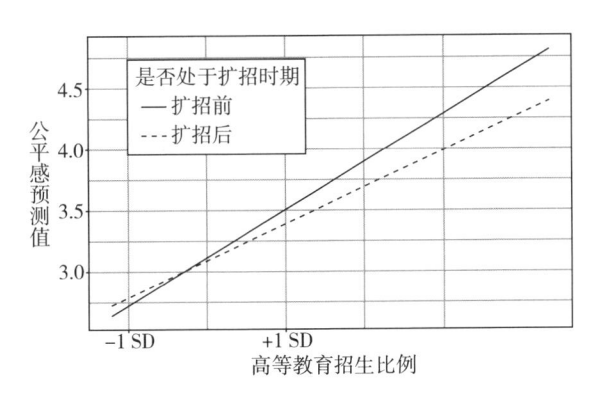

图7-1-6 高等教育招生比例和是否处于招生时期的交互作用

二 社会保障政策与不同参保状况居民的公平感

（一）中国的社会保障政策及其改革

长期以来城乡二元结构的管理模式，使各类资源偏离农村而偏向城市（李绚，2010）。政府投入的社会保障基金主要用于城市居民，城市居民享有退休金、医疗、住房和就业等方面的财政补贴。相比之下，农村的社会保障几乎是空白，即便有也是相当的薄弱。有研究者评估了亚洲国家的养老金政策，认为中国城市养老金政策最好，而中国农村养老金政策最差（Lin，2011）。数据显示，城市居民年可支配收入是农村居民的4倍，城市卫生投入为农村的3.3倍（张映芹、王青，2016）。相比城市家庭，农村家庭抗养老压力的能力较强，而农村老年人的养老保险收入较低、医疗保障水平较差、社区养老服务落后，影响了农村老人的生活质量（任勤、黄洁，2015）。

为解决农村社会保障问题和农村养老，近年来，政府在农村推行了新型农村合作医疗保险政策和新型农村社会养老保险。2003年，中国开始在农村地区实施新型农村合作医疗保险政策（以下简称"新农合"），旨在保障农村居民的基本医疗服务，并降低生病给农村居民带来的经济负担。新农合政策也在不断进行调整，并根据所在地区经济发展水平不同，略有差异（Dai et al., 2014）。以2012年湖南省醴陵市为例，住院报销中，乡镇卫生院报销比例为90%，县、市、省级定点医疗机构报销比例分别为80%、65%、60%，每人每年累计补偿封顶线为10万元；对于乡、村级普通门诊，诊疗费患者自付2元或1元（醴陵市档案史志局，2013）。有研究认为新农合减轻了农村居民的负担（Jing et al., 2013）；但也有研究认为它对健康的促进不大（Liang, Lu, 2014）；还有研究者认为新农合带有"亲富"（pro-rich）取向，适合本来就有一定经济基础的农村居民，对于那些本来就很贫困的居民来说，作用却不大（Yuan et al., 2014）。

2009年，政府在全国范围内推行了新型农村社会养老保险政策（简以下称"新农保"）。政策规定：新农保实施时，已年满60周岁、未享受城镇职工基本养老保险待遇的农村居民，不用缴费，可以按月领取基础养老金。基础养老金由政府发放，2009年为每月55元左右，这一数目略低于农村贫困线水平——每月99元左右。但是基础养老金一直在上涨，且根据各地区经济发展水平不同，各地区的基础养老金标准也略有差异（Liu et al., 2015）。虽然新农保的目的是提高农村老人的经济水平、经济独立性和生活质量，但是对于它的有效性却存在争议。有研究认为新农保提高了农村老人的经济水平，也降低了他们对子女的经济依赖（Zhang, Tang, 2008）；但也有研究者认为新农保中基础养老金水平太低，无法满足农村老人的生存和生活需要（Shen, Williamson, 2010）。

根据2013年和2017年的《人力资源和社会保障事业发展统计公报》，以及2017—2021年后国家医疗保障局公布的数据（见图7-2-1），2010—2021年，中国基本养老和医疗社会保险参保人数逐年升高，至2021年，基本养老参保率超过90%，[1]基本医疗保险参保率超过95%。[2]

---

[1]《报告：养老保险覆盖率明显提升　商业养老保险上升空间较大》，2022年10月8日，央广网，https://finance.cnr.cn/2014jingji/cszg/20221008/t20221008_526030665.shtml。

[2]《2021年全国医疗保障事业发展统计公报》，2022年6月8日，国家医疗保障局，http://www.nhsa.gov.cn:8000/art/2022/6/8/art_7_8276.html。

在 2010—2021 年 CGSS 的样本数据方面（见图 7-2-2），城镇非农户口居民的基本养老保险的参保比例[①]较高，城镇农业户口的参保比例较低；而

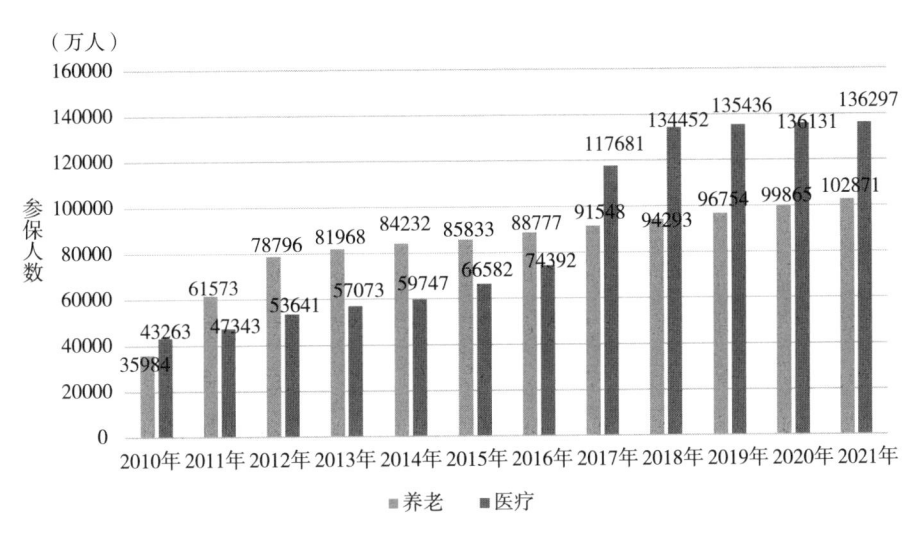

图 7-2-1　2010—2021 年我国养老和医疗社会保险参保人数

资料来源：人社部和医保局。

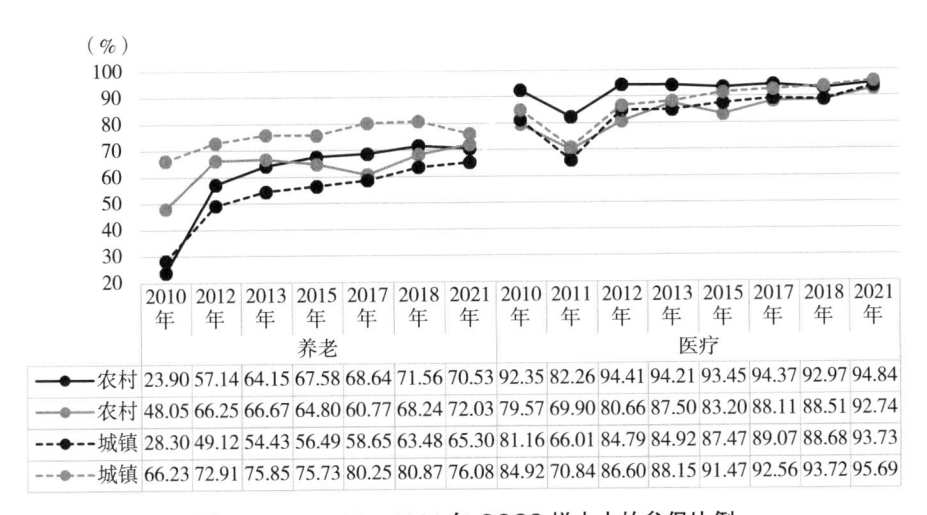

图 7-2-2　2010—2021 年 CGSS 样本中的参保比例

	2010年	2012年	2013年	2015年	2017年	2018年	2021年	2010年	2011年	2012年	2013年	2015年	2017年	2018年	2021年
	养老							医疗							
农村	23.90	57.14	64.15	67.58	68.64	71.56	70.53	92.35	82.26	94.41	94.21	93.45	94.37	92.97	94.84
农村	48.05	66.25	66.67	64.80	60.77	68.24	72.03	79.57	69.90	80.66	87.50	83.20	88.11	88.51	92.74
城镇	28.30	49.12	54.43	56.49	58.65	63.48	65.30	81.16	66.01	84.79	84.92	87.47	89.07	88.68	93.73
城镇	66.23	72.91	75.85	75.73	80.25	80.87	76.08	84.92	70.84	86.60	88.15	91.47	92.56	93.72	95.69

注：CGSS 在 2011 年时没有询问被调查者参加基本养老保险的情况。

---

① 参保率的计算方式为实际参保人数除以应该参保人数，而此处的参保比例是用参保人数除以样本总人数，因此低于参保率。

农村农业户口居民基本医疗保险的参保比例较高，这可能与新农合的推进有关，2012年新农合实施十周年时，其参保比例就已经超过95%。[①] 尽管不同群体间在参保比例上有所差异，但其差距均有所缩小，那么参加社会保障究竟会对城乡居民的公平感产生什么样的影响呢？

（二）不同参保状况居民的公平感变化

以下首先分析了是否参与城市基本医疗/新型农村合作医疗保险（新农合）/公费医疗或城乡基本养老社会保险对城乡居民公平感的影响。在控制了其他变量的基础上（控制变量为省份、性别、年龄、民族、宗教、受教育年限、家庭人均年收入、政治面貌、健康状况、婚姻状况、工作状况、户口和居住地），研究发现，除了在2010年时，未参加基本养老保险的民众公平感略高于参保的民众（无显著差异），在其他年份，均是参加了基本养老或医疗保险的民众公平感高于未参保的民众（见图7-2-3）。

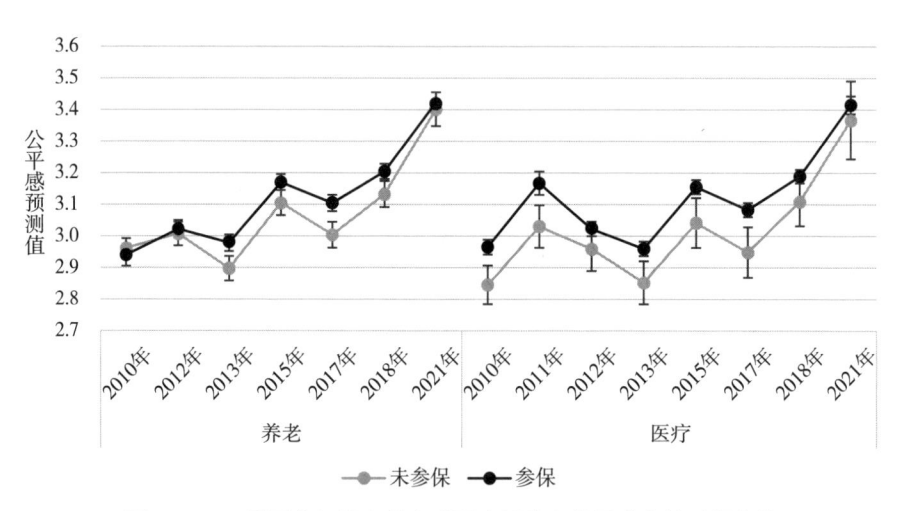

图7-2-3 是否参加基本养老或医疗保险在公平感上的时期变化

分析是否参保的影响效力会发现，无论使用全样本，还是分2010—2012年、2013—2017年、2018—2021年三个时期的样本，是否参加基本

---

① 《目前我国新农合参合率一直稳定在95%以上》，2012年9月23日，中华人民共和国中央人民政府，https://www.gov.cn/zxft/ft232/content_2231229.htm。

养老或医疗保险与户口和居住地间均在 0.05 水平上无显著交互作用（见表 7-2-1）。结合图 7-2-3 的结果可认为，对于不同户口和居住地的居民，均是参加基本养老或医疗保险的公平感高于未参保的，且无显著时期差异。

表 7-2-1　是否参加基本养老或医疗保险对公平感影响的回归分析

变量	养老 全样本	养老 2010—2012 年	养老 2013—2017 年	养老 2018—2021 年	医疗 全样本	医疗 2010—2012 年	医疗 2013—2017 年	医疗 2018—2021 年
截距	2.300***	2.230***	2.366***	2.431***	2.264***	2.233***	2.355***	2.352***
男性（女性=0）	−0.006	−0.046***	−0.007	0.053***	−0.009	−0.043***	−0.006	0.052***
年龄	0.092***	0.103***	0.094***	0.073***	0.091***	0.094***	0.097***	0.080***
年龄的平方	0.027***	0.025***	0.024***	0.030***	0.025***	0.022***	0.023***	0.028***
受教育年限	0.001	−0.004*	0.004*	0.003	0	−0.004*	0.004*	0.003
汉族（少数民族=0）	−0.100***	−0.088***	−0.124***	−0.062	−0.091***	−0.076**	−0.124***	−0.057
有宗教信仰（无=0）	−0.057***	−0.076***	−0.051**	−0.021	−0.056***	−0.075***	−0.049*	−0.016
党员（非党员=0）	0.102***	0.082***	0.093***	0.178***	0.103***	0.089***	0.091***	0.183***
健康状况	0.097***	0.096***	0.085***	0.119***	0.093***	0.086***	0.084***	0.120***
务农（无工作=0）	0.068***	0.103***	0.049**	−0.007	0.075***	0.104***	0.057***	−0.001
非农工作（无工作=0）	0.030**	0.054**	0.014	0.032	0.039***	0.062***	0.020	0.041*
家庭人均年收入的对数	0.028***	0.031***	0.030***	0.017***	0.027***	0.026***	0.029***	0.018***
已婚（未婚=0）	−0.021	−0.038	−0.029	0.027	−0.021	−0.033	−0.031	0.030
非农户口（农业户口=0）	−0.038	−0.117	0.064	0.043	−0.117	−0.108	−0.108	−0.214

续表

变量	养老 全样本	养老 2010—2012年	养老 2013—2017年	养老 2018—2021年	医疗 全样本	医疗 2010—2012年	医疗 2013—2017年	医疗 2018—2021年
城镇（农村=0）	−0.187***	−0.180***	−0.187***	−0.147***	−0.183***	−0.203***	−0.206***	−0.050
参保（未参保=0）	0.052***	0.052*	0.108***	0.077**	0.086***	0.095**	0.095**	0.131**
非农户口×城镇	0.039	0.061	−0.035	0.043	0.076	0.079	0.072	0.244
非农户口×参保	−0.046	−0.012	−0.105	−0.161	0.088	0.053	0.124	0.157
城镇×参保	0.042*	−0.011	0.032	0.026	0.030	0.045	0.043	−0.087
非农户口×城镇×参保	−0.035	−0.035	−0.018	0.084	−0.093	−0.115	−0.130	−0.154
N	50644	16867	22237	11540	55570	21357	22523	11690
R^2	0.057	0.068	0.048	0.056	0.055	0.062	0.047	0.056
F	58.892***	25.353***	25.229***	14.900***	60.934***	28.482***	24.835***	14.969***

注：*表示$p<0.1$，**表示$p<0.05$，***表示$p<0.01$。年份和省份已控制。

然而，本研究的样本只到70岁，社会保障政策对公平感的影响可能主要体现在有需要的群体，如老年群体和患病群体。笔者以往的针对老年人的研究发现，医疗和养老是老年人非常关心的话题。在笔者2013年的田野研究中，农村老人有退休金的比例很低，多数农村老人每个月只有55元到65元的基础养老金；但是大城市老人有退休金的比例较高，有的大城市老人每个月的退休金可能上万元。在医疗保障上，定点医院离一些农村较远、报销比例低、起报费用高，再加上每年需要缴纳一笔新农合参保费用等问题，也可能加重农村人的医疗负担。有研究认为，新农合和新农保想要减轻农村老年人及其子女的经济负担和医疗负担，但是其目的却尚未实现（马海燕，2014）。虽然从本研究的角度看，社会保障政策能提高人们的公平感，但本研究只比较了是否参保对公平感的影响，而保障力度上城乡之间仍然存在着巨大差距。政府应进一步完善农村社会保障体系，促进城乡社会保障体系的融合，加大力度提高农村人的基础养老金、增加定点医疗机构、提高报销比例、降低起报费用，进一步减轻农村居民的经济和医疗负担。

（三）社保和公共服务满意度对公平感的推升

CGSS 在 2013 年和 2015 年测量了民众对社会保障和医疗卫生公共服务的满意度情况，具体问题如下："您对下列公共服务其他各领域的满意度—社会保障""综合考虑各个方面，您对于医疗卫生公共服务的总体满意度如何"。被调查者从 0—100 分进行打分，0 分代表完全不满意，100 分代表完全满意。结果显示（见图 7-2-4），在两年调查中，民众对医疗卫生和社会保障的满意度均高于 60 分，满意度较高；且 2015 年的满意度得分均高于 2013 年，满意度有所提高。分城乡来看，农村居民对医疗卫生和社会保障的满意度均高于城镇居民，且城乡居民的满意度均在 2015 年高于 2013 年，有所提升。

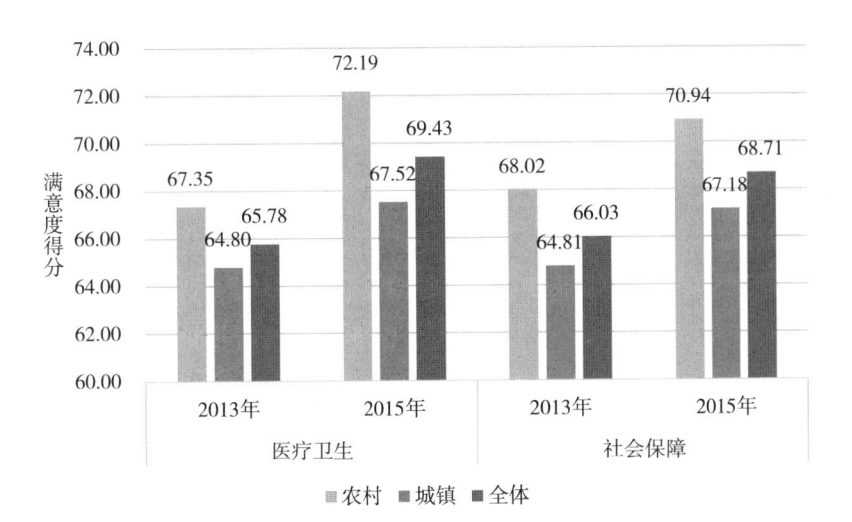

	2013年 医疗卫生	2015年 医疗卫生	2013年 社会保障	2015年 社会保障
农村	67.35	72.19	68.02	70.94
城镇	64.80	67.52	64.81	67.18
全体	65.78	69.43	66.03	68.71

图 7-2-4 城乡居民对医疗卫生和社会保障的满意度

表 7-2-2　社会保障和医疗卫生满意度中介作用的三步回归分析结果

变量	因变量: 社会保障 满意度 模型 1	因变量: 医疗卫生 满意度 模型 2	模型 3	模型 4	因变量: 公平感 模型 5	模型 6	模型 7	模型 8
截距	-2342.810***	-3525.870***	-163.700***	-155.268***	-178.861***	-162.503***	-178.889***	-152.265***
男性（女性=0）	-0.324	-0.617*	0.002	0.002	-0.023	0.006	-0.024	0.003
年龄	1.257***	0.933***	0.069***	0.076***	0.084***	0.064***	0.090***	0.075***
年龄的平方	0.260***	0.078	0.026***	0.027***	0.025***	0.026***	0.025***	0.026***
受教育年限	-0.101*	-0.066	0.003	0.002	0.002	0.002	0.002	0.002
汉族（少数民族=0）	-1.932**	-3.598***	-0.078*	-0.066	-0.100***	-0.081**	-0.097***	-0.066
有宗教信仰（无=0）	-1.082*	-1.661***	-0.042	-0.039	-0.014	-0.040	-0.016	-0.040
党员（非党员=0）	1.399**	0.683	0.036	0.045	0.077**	0.029	0.078**	0.040
健康状况	1.512***	1.248***	0.056***	0.062***	0.078***	0.058***	0.076***	0.063***
务农（无工作=0）	-0.118	-0.229	0.019	0.020	0.046*	0.011	0.052*	0.016
非农工作（无工作=0）	-0.911**	-0.638*	-0.017	-0.024	-0.018	-0.024	-0.007	-0.023
家庭人均年收入的对数	0.465***	0.054	0.033***	0.039***	0.038***	0.034***	0.038***	0.039***

第七章 政策改革：惠及群体及其公平感

续表

变量	因变量：社会保障满意度 模型1	因变量：医疗卫生满意度 模型2	因变量：公平感 模型3	模型4	模型5	模型6	模型7	模型8
已婚（未婚=0）	-0.557	-0.674	0.009	0.008	-0.028	0.006	-0.026	0.005
非农户口（农业户口=0）	0.656	-0.497	0.014	0.036	-0.050**	0.002	-0.038	0.032
城镇（农村=0）	-3.245***	-2.154***	-0.192***	-0.218***	-0.214***	-0.187***	-0.213***	-0.212***
2015年（2013年=0）	1.193***	1.783***	0.082***	0.078***	0.090***	0.082***	0.090***	0.076***
养老保险（未参加=0）	2.359***				0.094***	0.059***		
医疗保险（未参加=0）		1.894***					0.114***	0.087***
社会保障满意度			0.012***			0.012***		
医疗卫生满意度				0.009***				0.010***
N	10761	10968	10942	11012	14899	10761	15093	10968
R^2	0.062	0.062	0.096	0.080	0.058	0.098	0.057	0.081
F	16.780***	18.210***	26.804***	22.772***	22.807***	26.258***	22.674***	22.544***

注：* 表示 $p<0.1$，** 表示 $p<0.05$，*** 表示 $p<0.01$。年份和省份已控制。

首先，分别分析是否参加基本养老保险对社会保障满意度的影响，以及是否参加基本医疗保险对医疗卫生满意度的影响。在控制了其他变量的基础上，相比未参加基本养老保险的民众，参加了的民众对社会保障的满意度显著更高（$B = 2.359, p < 0.001$，见表 7-2-2，模型 1）；但是是否参加基本医疗保险在对医疗卫生的满意度上没有显著差异（$B = 1.894, p = 0.002$，见表 7-2-2，模型 2）。

其次，分别分析社会保障和医疗卫生满意度对公平感的影响，在控制了其他变量的基础上，社会保障（$B = 0.012, p < 0.001$，见表 7-2-2，模型 3）和医疗卫生满意度（$B = 0.009, p < 0.001$，见表 7-2-2，模型 4）每提高 10 分（百分制），公平感均可提高约 0.1 分（五级评分）。

再者，比较进一步控制了社会保障和医疗卫生的满意度前后，是否参加基本养老或医疗保险对公平感的影响，以考察社会保障和医疗卫生满意度的中介作用。结果发现，在控制了社会保障满意度后，参加基本养老保险对公平感的回归系数从原来的 0.094 降为 0.059，显著性从 <0.001 降为 0.008（见表 7-2-2，模型 5 和模型 6）；在控制了医疗卫生满意度后，参加医疗保险对公平感的回归系数从原来的 0.114 降为 0.087，显著性也从 <0.001 降为 0.014（见表 7-2-2，模型 7 和模型 8）。可见，社会保障和医疗卫生满意度均有部分中介作用，社会保障满意度在参加基本养老保险和公平感间的中介作用占了 2.359×0.012/0.094=30.11%，医疗卫生满意度在参加基本医疗保险和公平感间的中介作用占了 1.894×0.009/0.114=14.95%。中介效应图如图 7-2-5 所示。

最后，笔者想考察这个中介关系是否受到时期、居住地和户口类型的调节作用，假设他们调节了是否参保和满意度、满意度和公平感的关系，

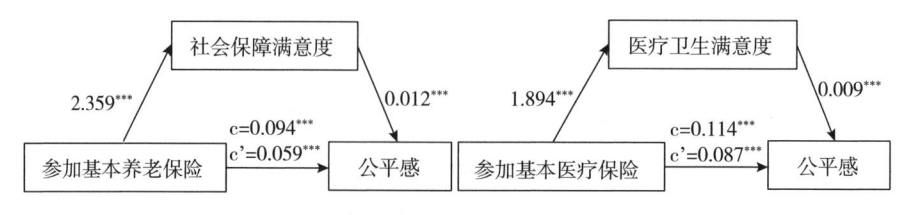

图 7-2-5 社会保障和医疗卫生满意度的中介效应

第七章
政策改革：惠及群体及其公平感

但是因为在前一节的分析中，是否参保和居住地等对公平感的影响无显著交互作用，故假设它们对直接效应无调节作用。使用 SPSS 中的 process 插件，设定为模型 58，并进行 2 万次 bootstrap 抽样，结果发现，居住地（$B = -0.001, 95\%CI = [-0.020, 0.018]$）和户口（$B = -0.004, 95\%CI = [-0.026, 0.018]$）在参加基本养老保险→社会保障满意度→公平感的中介关系中没有显著调节作用，[①] 而时期有边缘显著的调节作用（$B = -0.020, 95\%CI = [-0.040, -0.001]$），主要表现为在 2013 年时，未参加基本养老保险的居民社会保障满意度更低于参加了的居民，但是在 2015 年时，两者差距减小；不过社会保障满意度对公平感的影响并不受时期的调节作用，在 2013 年和 2015 年时都是社会保障满意度高的居民公平感更高（图 7-2-6）。

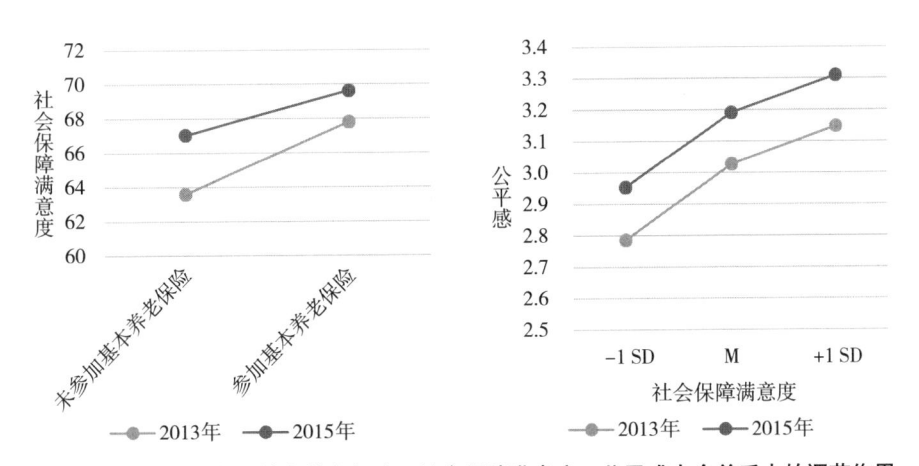

图 7-2-6 时期在参加基本养老保险→社会保障满意度→公平感中介关系中的调节作用

在参加基本医疗保险→医疗卫生满意度→公平感的中介关系中，居住地（$B = 0.010, 95\%CI = [-0.015, 0.034]$）、户口（$B = 0.015, 95\%CI = [-0.012, 0.043]$）和时期均没有显著的调节作用（$B = 0.013, 95\%CI = [-0.010, 0.037]$）。

可见，满意度在是否参加保险和公平感中有部分中介作用，但这种中介机制并不会受到居住地和户口的调节，而是在时期间有部分差异，在 2015 年时，无论是否参加基本养老保险，对社会保障的满意度都有所提

---

① 95% 置信区间包含 0 则表示不显著，不包含 0 则表示显著。

高，甚至未参加基本养老保险的民众，满意度提高更多，这可能与我国政府在完善社会保障体系和缩小社会保障差距上所做的努力分不开。从"十二五"规划提出"坚持广覆盖、保基本、多层次、可持续方针，加快推进覆盖城乡居民的社会保障体系建设，稳步提高保障水平"，[1]到"十三五"规划提出"坚持全民覆盖、保障适度、权责清晰、运行高效，稳步提高社会保障统筹层次和水平，建立健全更加公平、更可持续的社会保障制度"，[2]再到"十四五"规划提出"坚持应保尽保原则，按照兜底线、织密网、建机制的要求，加快健全覆盖全民、统筹城乡、公平统一、可持续的多层次社会保障体系"，[3]中国一直强调全覆盖、公平和可持续的社会保障体系。虽然本研究仅有2013年和2015年两个时期的数据，但是从结果来看，这种社会保障体系的健全和推进应有助于提高群众对社会保障的满意度，进而提升公平感。

三　户籍改革、身份认同与公平感

（一）中国的户籍制度和户籍改革

以人口迁移和福利分配为直接表征的户籍制度改革，经历了城乡二元户籍严格管制、二元户籍制度松动、二元户籍制度有限突破、基本公共服务均等化制度构建、户籍制度改革加快推进五个阶段（赵军洁、张晓旭，2021）。进入21世纪以来，一些省市先后开始启动了户籍制度改革试点工作，主要聚焦点是取消农业户口与非农户口的分类管理，统一为居

---

[1]《国民经济和社会发展第十二个五年规划纲要（全文）》，2011年3月16日，中华人民共和国中央人民政府，https://www.gov.cn/2011lh/content_1825838_9.htm。
[2]《中华人民共和国国民经济和社会发展第十三个五年规划纲要》，2016年3月17日，中华人民共和国中央人民政府，https://www.gov.cn/xinwen/2016-03/17/content_5054992.htm。
[3]《中华人民共和国国民经济和社会发展第十四个五年规划和2035年远景目标纲要》，2021年3月13日，中华人民共和国中央人民政府，https://www.gov.cn/xinwen/2021-03/13/content_5592681.htm。

第七章
政策改革：惠及群体及其公平感

民户口。2007年时，全国已有12个省、自治区、直辖市相继取消了农业户口和非农户口的二元户口性质划分，统一为居民户口（王美艳、蔡昉，2008）。2014年，国务院发布《关于进一步推进户籍制度改革的意见》提出"建立城乡统一的户口登记制度，取消农业户口与非农户口性质区分和由此衍生的蓝印户口等户口类型，统一登记为居民户口"，并设定到2020年实现1亿左右农业转移人口和其他常住人口在城镇落户的目标。两年多时间，全国31个省份全部出台相关户改方案，普遍提出取消农业户口。从CGSS的样本数据上来看（见表7-3-1），2010—2015年，持有居民户口的样本比例不断增加，之后基本稳定在20%左右。

表7-3-1　　　　　CGSS样本中各时期的户口类型人数

户口类型	2010年	2011年	2012年	2013年	2015年	2017年	2018年	2021年	全体样本
农业户口	5564	2875	5635	5702	5387	5768	5877	3960	40768
	51.93%	57.05%	53.91%	56.06%	57.45%	54.74%	55.54%	60.23%	55.51%
非农户口	4639	1857	3805	3672	2439	2414	2620	1316	22762
	43.30%	36.85%	36.40%	36.10%	26.01%	22.91%	24.76%	20.02%	30.99%
居民户口（以前是非农户口）	/	121	648	361	929	1435	1291	714	5499
	/	2.40%	6.20%	3.55%	9.91%	13.62%	12.20%	10.86%	7.49%
居民户口（以前是农业户口）	/	186	365	437	622	921	793	585	3909
	/	3.69%	3.49%	4.30%	6.63%	8.74%	7.49%	8.90%	5.32%
居民户口	511	307	1013	798	1551	2356	2084	1299	9919
	4.77%	6.09%	9.69%	7.85%	16.54%	22.36%	19.70%	19.76%	13.50%
N	10714	5039	10453	10172	9377	10538	10581	6575	73449

依据2019年《中共中央　国务院关于建立健全城乡融合发展体制机制和政策体系的意见》，中国城乡融合发展的战略目标是，到2022年城乡融合发展体制机制初步建立，到2035年城乡融合发展体制机制更加完善（黄天弘，2020）。促进城乡融合与户籍制度改革密切相关，然而户籍制度改革的进程，却远没有想象的那么乐观，改革通常仅仅是户口名称的改变，配套政策并没有跟进，城乡在养老、医疗和低保等方面的福利待遇上

仍然存在差异（王美艳、蔡昉，2008）。此外，户籍改革还必然存在一种政策悖论（王美艳、蔡昉，2008）。一方面，促进城乡融合、缩小城乡差距，都要求对城乡二元结构进行改革。另一方面，一旦户籍控制有所松动，户口含金量越高的地区，越可能面临人口的蜂拥而入和管理压力。本研究无意探讨以上问题，但希望从社会心理学的角度，分析户籍改革对居民公平感的影响，以及户籍改革是否能从城乡身份认同的角度促进城乡心理融合。

（二）户籍改革与城乡身份认同的关系

本研究首先分析了户籍改革对城乡身份认同的影响，数据来源于2013年CGSS，其中对于城乡身份认同的测量方法为"现在社会上常常将人们划分为下面一些不同的类型，您认为自己属于其中的哪一个群体？"被调查者可在城里人或乡下人中做"二选一"，如果被调查者无法对自己的身份进行定位，也可以选择"说不清"。

结果发现（见表7-3-2），持有农业户口的人当中，88.58%认为自己是乡下人，仅4.67%认为自己是城里人，"说不清"的比例占6.75%。然而，即便在持有非农户口的人当中，仍有16.65%认为自己是乡下人，71.46%认为自己是城里人，"说不清"的比例占11.88%。进一步的分析发现（见图7-3-1），非农户口的获得时长超过15年之后，人们才开始较为确定自己的城里人身份，城里人身份认同与乡下人和"说不清"的比例才开始拉开距离，占到50%以上。非农户口获得时长超过50年后，城里人身份认同比例才占到80%以上。这说明，城里人身份认同的形成较为困难。

表7-3-2　　　　　　户口和居住地的城乡身份认同　　　　　　（单位：%）

居住地	户口	城乡身份认同		
		乡下人	说不清	城里人
全部	农业户口	88.58	6.75	4.67
	非农户口	16.65	11.88	71.46
	居民户口（以前是非农户口）	10.77	15.19	74.03
	居民户口（以前是农业户口）	33.87	19.22	46.91

第七章 政策改革：惠及群体及其公平感

续表

居住地	户口	城乡身份认同		
		乡下人	说不清	城里人
市/县城的中心地区	农业户口	64.82	17.24	17.95
	非农户口	9.31	10.08	80.61
	居民户口（以前是非农户口）	5.58	15.88	78.54
	居民户口（以前是农业户口）	16.13	17.74	66.13
市/县城的边缘地区	农业户口	67.24	17.60	15.16
	非农户口	17.00	12.67	70.32
	居民户口（以前是非农户口）	10.00	6.67	83.33
	居民户口（以前是农业户口）	33.65	18.27	48.08
市/县城的城乡接合部	农业户口	76.28	15.56	8.16
	非农户口	38.17	23.24	38.59
	居民户口（以前是非农户口）	12.50	20.00	67.50
	居民户口（以前是农业户口）	36.07	27.87	36.07
市/县城区以外的镇	农业户口	94.29	4.42	1.30
	非农户口	42.95	15.44	41.61
	居民户口（以前是非农户口）	47.06	29.41	23.53
	居民户口（以前是农业户口）	61.54	23.08	15.38
农村地区	农业户口	97.17	2.43	0.41
	非农户口	70.99	16.05	12.96
	居民户口（以前是非农户口）	58.33	8.33	33.33
	居民户口（以前是农业户口）	75.00	15.00	10.00

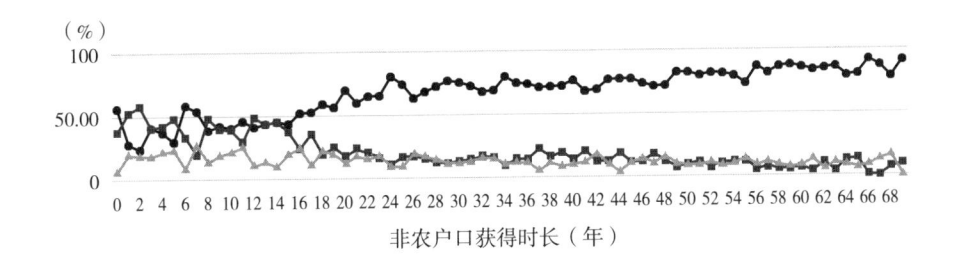

非农户口获得时长（年）

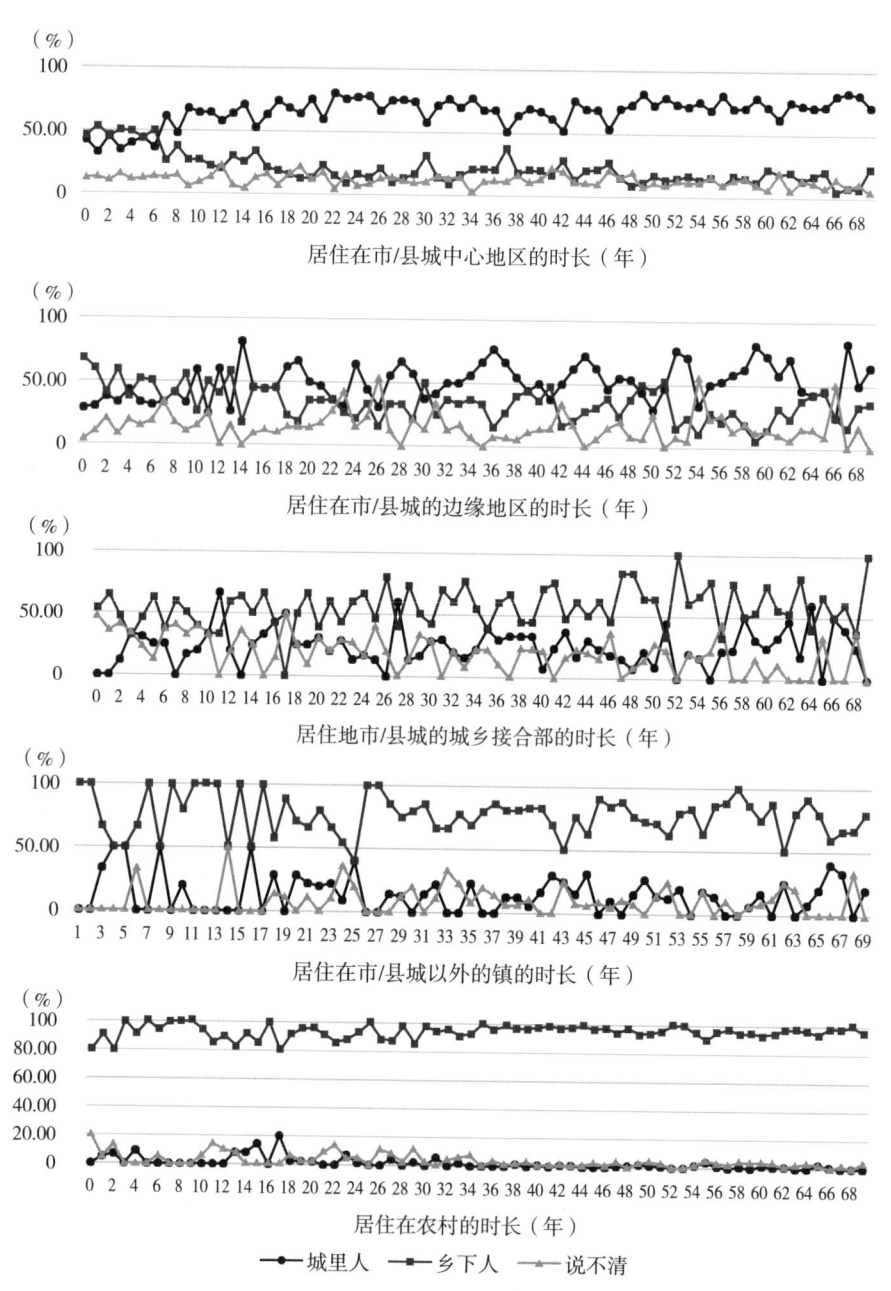

图 7-3-1 非农户口获得时长和居住时长与城乡身份认同的关系

然而，户籍改革之后，现持有居民户口，但以前持有农业户口的人当中，仅 33.87% 认为自己是乡下人，而 46.91% 认为自己是城里人，"说不清"的比例上升到19.22%。现持有居民户口，但以前是非农户口的人当中，城里人认同比例变化不大，为74.03%，乡下人认同比例下降到10.77%，"说不清"的比例上升到15.19%。可以看到，户籍改革对人们的城乡身份认同产生了影响，通过增加身份范围，降低了乡下人身份认同。这也说明了制度结构对人们心理的影响，当二元户籍制度存在时，即便非农户口获得时长很长，也难以改变城乡身份认同。然而二元户籍制度取消后，身份认同却很快有了转变。

还存在另一种解释，因为社会流动性的增加，受户籍制度改革影响较大的人，多数生活在城市。因此，笔者再分析了居住地和居住时长对城乡身份认同的影响。结果发现（见图7-3-1），在城市中心区域居住时长超过7年之后，才开始较为确定自己的城里人身份，城里人身份认同与乡下人和"说不清"的比例才开始拉开距离，占到50%以上。而在城市边缘区域的居民，无论生活多久，仍不太能确定自己的身份，直到生活10年以上，城里人身份认同的比例才高于乡下人认同。可是到城乡接合部及以下区域则基本上都是乡下人认同比例高于城里人认同，且在镇和村一级，乡下人认同与其他认同拉开差距。无论在农村地区生活多少年，80%以上的人都认为自己是乡下人。这再一次说明，城里人身份认同的形成非常困难，人们倾向于低位认同。

进一步对户口和居住地进行交叉分析，结果表明，居住在市或县城中心但拥有农业户口的人中，64.82%的人认为自己是乡下人，仅17.95%的人认为自己是城里人；居住在农村但拥有非农户口的人中，70.99%认为自己是乡下人，仅33.33%认为自己是城里人。可见，只要户口或居住地中有一项与农村相关，人们就更倾向于认为自己是乡下人。如果两项都符合，即居住在农村且是农业户口的人中，乡下人认同则高达97.17%。因此，必须户口和居住地都与城市相关，人们才会倾向于认为自己是城里人：居住在城市中心且有非农户口的人中，认为自己是城里人的比例最高，达到80.61%。

但是，户籍改革也改变了这种状况。无论以前是非农户口或农业户口,只要现持有居民户口且居住在城市中心,人们就更倾向认为自己是城里人,比例分别占到 78.54% 和 66.13%。可见,户籍改革降低了户口的重要性,使城里人认同由受户口和居住地的双重影响,变为主要受居住地的影响。后续 logistic 分析结果也表明,虽然户口对城里人认同仍有显著作用,但对于持有居民户口的人来说,原有户口的类型对城里人认同的影响力有较大下降(见表 7-3-3)。

表 7-3-3　　居住地和户口对城乡身份认同的 logistic 回归分析

因变量	自变量	参照变量	Odds	p	R^2	N
城里人认同	常数		0.001	0.000	0.585	8119
	非农户口	农业户口	13.23	0.000		
	居住城中心	居住在农村	31.45	0.000		
	居住在城边缘地区	居住在农村	23.90	0.000		
	居住在城乡接合部	居住在农村	7.98	0.000		
	居住在城以外的镇	居住在农村	3.60	0.000		
城里人认同	常数		0.008	0.000	0.260	654
	居住户口（以前是非农户口）	居住户口（以前是农业户口）	2.36	0.000		
	居住在城中心	居住在农村	20.16	0.000		
	居住在城边缘地区	居住在农村	11.49	0.002		
	居住在城乡接合部	居住在农村	5.00	0.442		
	居住在城以外的镇	居住在农村	1.63	0.000		

注:控制变量包括省份、性别、年龄、民族、宗教、受教育程度、家庭人均年收入、政治面貌、健康状况、婚姻状况、工作状况。

(三)户籍改革对公平感的有限影响

前文分析了户籍改革将影响城乡身份认同,那么户籍改革将如何影响公平感,城乡身份认同是否为中介变量?首先,笔者将分析户籍类型转变对公平感的影响及其时期变化,因为 2010 年 CGSS 调查中未详细区分在转为居民户口前的户籍类型,故在此仅使用了 2011—2021 年七个调查时期的数据。因为 2013 年前居民户口的样本量较少(见表 7-3-1),故误差较

第七章
政策改革：惠及群体及其公平感

大，但总的而言（见图7-3-2），在控制了其他变量的基础上（控制变量为省份、性别、年龄、民族、宗教、受教育年限、家庭人均年收入、政治面貌、健康状况、婚姻状况、工作状况和居住地），2012—2013年，以前是农业户口现在是居民户口的居民公平感低于现在是农业户口的居民，但是2015年后变成现在是居民户口的居民公平感高于现在是农业户口的居民；而对于以前是非农户口现在是居民户口的居民来说，他们的公平感在2011—2021年，一直低于现在是非农户口的居民。从这个结果来看，似乎在2013年后改为居民户口将有利于提升曾经是农业户口居民的公平感，而将不利于提升曾经是非农户口居民的公平感。

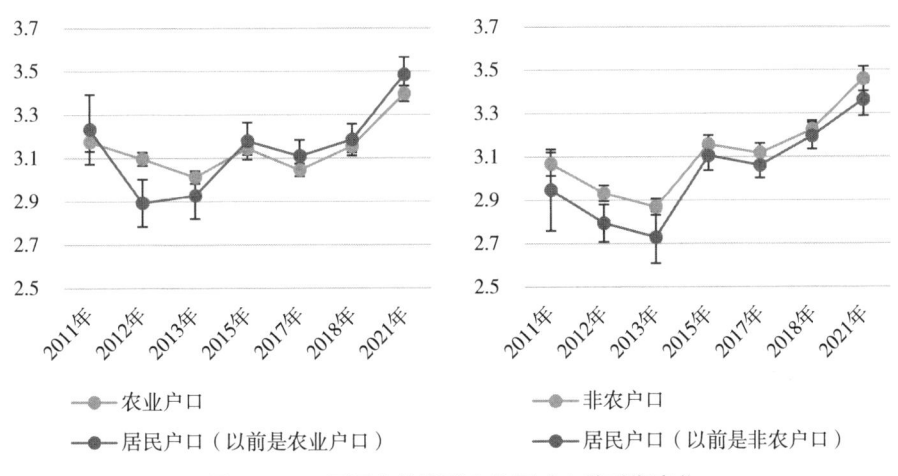

图7-3-2 不同户籍类型在公平感上的时期变化

分为全样本以及2011—2012年、2013—2017年、2018—2021年三个时期样本进行分析发现，无论在哪个时间段，现在是农业/非农户口和居民户口间，在公平感上均没有显著差异，且与居住地没有显著交互作用（见表7-3-4），似乎户籍改革只会影响城乡身份认同，而难以影响人们的公平感。这可能是因为本研究所用数据并非追踪数据，无法真正跟踪到户籍从农业/非农户口到居民户口的转变对公平感的影响，但是这也可能与户籍改革通常仅仅是户口名称的改变，配套政策却没有跟进有关（王美艳、蔡昉，2008）。

表 7-3-4　　不同户籍类型对公平感影响的回归分析结果

变量	全样本 模型1	全样本 模型2	2011—2012年 模型3	2011—2012年 模型4	2013—2017年 模型5	2013—2017年 模型6	2018—2021年 模型7	2018—2021年 模型8
截距	2.777***	2.015***	2.900***	1.930***	2.788***	2.262***	2.658***	2.047***
男性（女性=0）	−0.002	−0.011	−0.040	−0.042	−0.005	−0.014	0.048**	0.033
年龄	0.125***	0.022***	0.115***	0.047***	0.131***	0.018*	0.116***	0.006
年龄的平方	0.027***	0.024***	0.024***	0.025***	0.026***	0.026***	0.030***	0.022***
受教育年限	0.008***	0	−0.001	0	0.008***	0.001	0.011***	−0.001
汉族（少数民族=0）	−0.129***	−0.037	−0.186***	−0.004	−0.115***	−0.095*	−0.124**	0.066
有宗教信仰（无=0）	−0.072***	0.001	−0.049	−0.052	−0.077***	0.043	−0.067*	0.087
党员（非党员=0）	0.111***	0.108***	0.124**	0.040	0.062*	0.121***	0.166***	0.173***
健康状况	0.081***	0.095***	0.062***	0.087***	0.081***	0.078***	0.107***	0.129***
务农（无工作=0）	0.014	0.044	0.057	0.296***	0.026	0.016	−0.035	−0.316**
非农工作（无工作=0）	−0.006	−0.004	0.041	0.056	−0.019	−0.004	0.016	0.027
家庭人均年收入的对数	0.023***	0.063***	0.010	0.053***	0.027***	0.055***	0.018***	0.040***
已婚（未婚=0）	−0.029*	0.046**	−0.018	0.053	−0.025	0.030	−0.012	0.133***
城镇（农村=0）	−0.161***	−0.196***	−0.179***	−0.250***	−0.173***	−0.214***	−0.179***	−0.077
居民户口（农业户口=0）	−0.020		−0.093		0.017		−0.069	
居民户口（非农户口=0）		−0.033		−0.129		−0.125		0.140
城镇×居民户口（以前是农业户口）	0.010		0.027		−0.023		0.102	

续表

变量	全样本		2011—2012年		2013—2017年		2018—2021年	
	模型1	模型2	模型3	模型4	模型5	模型6	模型7	模型8
城镇×居民户口（以前是非农户口）		0.053		0.013		0.134		−0.145
N	34266	20746	7950	5674	16779	9982	9537	5090
R^2	0.043	0.033	0.059	0.051	0.048	0.026	0.046	0.060
F	36.946***	15.617***	11.834***	6.875***	21.567***	5.886***	10.958***	8.033***

注：*表示$p<0.1$，**表示$p<0.05$，***表示$p<0.01$。年份和省份已控制。

本章小结

本章分别分析了高等教育扩招、社会保障政策和户籍改革对不同群体公平感的影响，结果发现，高等教育扩招对居民公平感的影响，主要取决于居民是否是高等教育扩招的惠及群体，如相对受教育水平的提升或相对进入高等教育的机会更多，如果是的话，其公平感更高。

对于不同户口和居住地的居民，均是参加养老或医疗保险的公平感高于未参保的，且无显著时期差异。且是否参保会通过社会保障满意度影响公平感，但是这种中介机制并不会受到居住地和户口的调节，而是在时期间有部分差异，在2015年时，无论是否参加基本养老保险，对社会保障的满意度都有所提高，未参加基本养老保险的民众，满意度提高更多，这可能与我国政府在完善社会保障体系和缩小社会保障差距上所做的努力分不开。

但是，户籍改革只会影响城乡身份认同，而难以影响人们的公平感。

总的来说，社会政策改革能否为民众提供公平感取决于此政策是否能切实地使民众从中获益。如果一项政策仅能惠及部分群体，那它也将只能提高部分惠及群体的公平感。因此，政策改革应注意其实质性和覆盖面，尽量提高各类群体的利益。

第八章　比较扩大：主观地位认同的中介作用

社会比较理论认为人们倾向于与周围邻近的人相比较，这又可称为局部比较理论（高文珺，2020）。但是，随着人口的频繁迁移和互联网的普及，"局部"的范围扩大了，地球甚至都变成了"地球村"。本章将验证迁移和外出务工，以及互联网发展是否会通过扩大社会比较范围来影响公平感。但是因为CGSS中没有直接测量民众的社会比较范围，本章间接地通过主观地位认同来衡量，其中重要的假设是比较扩大会降低民众的主观地位认同，当比较范围扩大，看到了更多高于自己生活水平的人事物后，人们将产生相对剥夺感，感到自己的主观地位较低，进而影响公平感。吴菲认为局部比较和全局比较是社会比较理论中的重要议题，两者实质上分别遵循的是社会距离原则和社会地位原则（吴菲，2019）。张文宏、刘飞、项军的研究发现，社会比较可以显著影响地位认同（张文宏、刘飞、项军，2023）。但是，也有竞争性假设认为迁移和互联网发展可能通过其他途径增加主观地位认同，来提高公平感。因此，本章的两节都对比较扩大及其竞争性假设进行了验证，并分析了主观地位认同的中介作用。

第八章
比较扩大：主观地位认同的中介作用

一 迁移和务工经历与主观地位认同和公平感

（一）中国人的迁移

人口迁移一般指的是人口在两个地区之间的空间移动。Zhang 和 Song 认为地区的经济增长会促进迁移人口的增加，城乡之间的收入差距是影响人口迁移的主要因素，他还构建了人口迁移量模型，揭示出 GDP 增长率与人口迁移规模具有强烈的正相关关系（Zhang、Song，2003）。Fan 利用"四普"数据，建立了广东省人口迁移的回归模型，结果表明外资投入、地区间经济水平对人口迁移存在较强的吸引作用（Fan，1996）。此外，通过对转型期中国女性的"婚姻嫁娶"和"务工经商"迁移流分析，认为传统女性因社会原因多进行短距离迁移的局面已被打破，取而代之的是以获取经济利益为主的长距离迁移。朱传耿等对流动人口大于 5 万的中国城市的社会、经济指标进行主成分分析，提取出经济增长、社会发展、投资和消费 4 个因子，通过相关分析得出流动人口与经济增长和投资关系密切（朱传耿等，2001）。

但是，Fan 利用重力模型对中国"四普""五普"各省区共 812 条迁移流进行了回归，结果表明："四普"时期，距离因子是影响人口迁移的决定因素；而"五普"时期，距离的阻碍作用减弱，由移民传统（Migration stock）所构成的网络关系成为影响迁移的首要因素（Fan，2005）。也有研究表明，地区的产业结构和布局对人口迁移也有一定的影响（Shen，1996）。尽管学者在影响迁移的因素上有些争议，没有争议的是改革开放以来中国的迁移数量和范围正在扩大，Liu 等发现 2000 年以前移民数量激增，但是 21 世纪头十年，移民激增的情况有所缓和（Liu et al.，2014）。根据国家统计局的数据，截至 2020 年年底，生活在非户籍所在地的人口已经达到 4.9 亿。

随着迁移的人数和范围扩大，社会比较的对象范围也正在扩大。那么，根据社会比较论，迁移经历是否会通过影响人们的社会比较范围，降低他们的主观地位认同,从而降低公平感呢?抑或有能力迁移的人本身社会经济地位更高,拥有的资源更多,从而公平感更高?本章将对此进行分析。

(二)迁移经历、主观地位认同和公平感

本研究以CGSS中的问题"您是哪一年来到本地(本区/县/县级市)居住的?"作为迁移经历的指标,将回答"自出生起一直就住在本地"作为没有迁移经历,而将其他回答作为有迁移经历,每年是否有迁移经历的人数和百分比见表8-1-1。可以看到,在CGSS样本中没有迁移经历的比例在2010—2012年仅占不到10%,到2013年后占到约70%。这种突然的变化应该与社会变迁无关,更可能是受到CGSS抽样的影响,但是CGSS 2010年后抽样框似乎并没有变化,[1]对此变化造成的原因可能需要来自CGSS执行者的分析。

表8-1-1　CGSS样本中是否有迁移经历的人数和百分比　(单位:人,%)

是否有迁移经历	2010年	2011年	2012年	2013年	2015年	2017年	2018年	2021年	全样本
否	177	174	182	7523	6427	7247	7228	4616	33574
	5.83	9.92	5.78	74.18	69.50	69.03	68.65	70.42	61.14
是	2861	1580	2968	2619	2821	3251	3301	1939	21340
	94.17	90.08	94.22	25.82	30.50	30.97	31.35	29.58	38.86
N	3038	1754	3150	10142	9248	10498	10529	6555	54914
	100	100	100	100	100	100	100	100	100

主观地位认同采用的是"您认为自己目前在哪个等级上"一题,从1至10进行评分,分数越高代表认为自己的等级越高。控制其他变量后(控制变量为省份、性别、年龄、民族、宗教、受教育年限、家庭人均年收入、政治面貌、健康状况、婚姻状况、工作状况、居住地和户口),是否有迁移经历在不同时期的公平感和主观地位认同间几乎都没有显著差异,

---

[1]　http://cgss.ruc.edu.cn/xmwd/cysj.htm.

第八章
比较扩大：主观地位认同的中介作用

只在 2013 年时有迁移经历的居民公平感显著低于没有迁移经历的居民，在 2015 年时有迁移经历的居民主观地位认同显著低于没有迁移经历的居民（见图 8-1-1）。

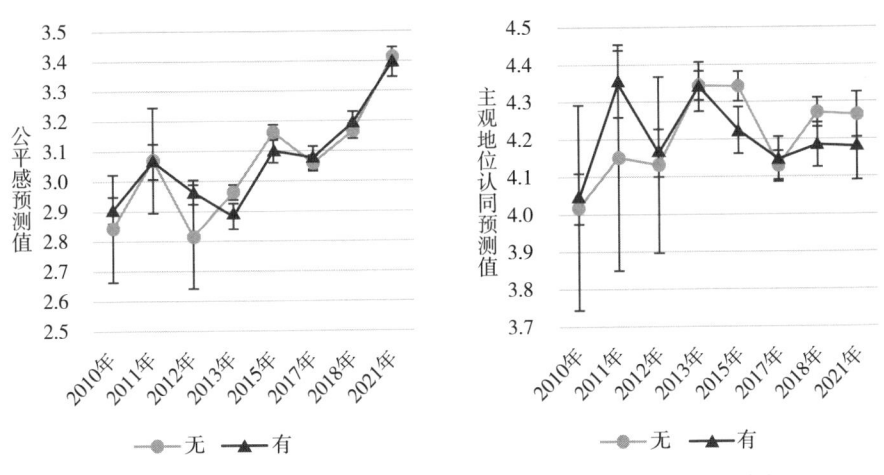

图 8-1-1　是否有迁移经历在公平感和主观地位认同上的时期变化

把不同时期数据混合在一起，并分 2010—2012 年、2013—2017 年、2018—2021 年三个时期的数据进行分析后发现（见表 8-1-2），是否有迁移经历基本上对公平感和主观地位认同没有显著预测作用，且与居住地没有显著交互作用。但是在 2013—2017 年，有迁移经历的居民公平感显著低于没有迁移经历的居民；当使用全部样本时，是否有迁移经历与居民地对主观地位认同的影响有显著交互作用，具体表现为，对于农村居民而言，是否有迁移经历对主观地位认同没有显著影响，但是有迁移经历的城镇居民主观地位认同显著低于没有迁移经历的居民（见图 8-1-2）。

表 8-1-2　是否有迁移经历对公平感和主观地位认同影响的回归分析结果

变量	公平感				主观地位认同			
	全样本	2010—2012 年	2013—2017 年	2018—2021 年	全样本	2010—2012 年	2013—2017 年	2018—2021 年
截距	2.301***	2.169***	2.429***	2.469***	1.395***	−0.495	1.652***	1.845***
男性（女性=0）	−0.001	−0.044	−0.012	0.045**	−0.265***	−0.350***	−0.245***	−0.262***

续表

变量	公平感 全样本	公平感 2010—2012年	公平感 2013—2017年	公平感 2018—2021年	主观地位认同 全样本	主观地位认同 2010—2012年	主观地位认同 2013—2017年	主观地位认同 2018—2021年
年龄	0.091***	0.085***	0.099***	0.082***	0.083***	0.121***	0.074***	0.075***
年龄的平方	0.025***	0.015*	0.024***	0.028***	0.037***	0.072***	0.035***	0.022**
受教育年限	0.003*	−0.003	0.005**	0.004	0.042***	0.048***	0.046***	0.030***
汉族（少数民族=0）	−0.094***	−0.034	−0.124***	−0.060	−0.039	−0.046	−0.071	0.045
有宗教信仰（无=0）	−0.039**	−0.026	−0.045*	−0.024	0.028	−0.015	0.031	0.075
党员（非党员=0）	0.124***	0.129***	0.097***	0.189***	0.265***	0.174***	0.245***	0.335***
健康状况	0.095***	0.084***	0.084***	0.119***	0.245***	0.261***	0.236***	0.243***
务农（无工作=0）	0.062***	0.157***	0.059***	0.004	0.032	0.131	0	0.035
非农工作（无工作=0）	0.025*	0.022	0.020	0.041*	0.091***	0.121**	0.061**	0.128***
家庭人均年收入的对数	0.028***	0.036**	0.031***	0.019	0.139***	0.310***	0.154***	0.091***
已婚（未婚=0）	−0.013	−0.039	−0.025	0.031	0.280***	0.408***	0.306***	0.205***
非农户口（农业户口=0）	−0.030**	−0.075**	−0.035*	0.029	0.186***	0.125***	0.147***	0.284***
城镇（农村=0）	−0.155***	−0.148	−0.186***	−0.143***	−0.101***	−0.385*	−0.119***	−0.054
有迁移（无=0）	0.003	0.159	−0.077***	−0.049	0.006	−0.006	−0.032	−0.070
城镇×有迁移	−0.025	−0.096	0.058*	0.086*	−0.118***	0.027	−0.069	−0.022
N	40419	6307	22436	11676	40172	6289	22346	11537
R^2	0.054	0.051	0.046	0.056	0.108	0.142	0.125	0.090
F	46.196***	7.644***	25.981***	15.885***	87.380***	21.518***	66.555***	25.895***

注：* 表示 $p<0.1$，** 表示 $p<0.05$，*** 表示 $p<0.01$。年份和省份已控制。

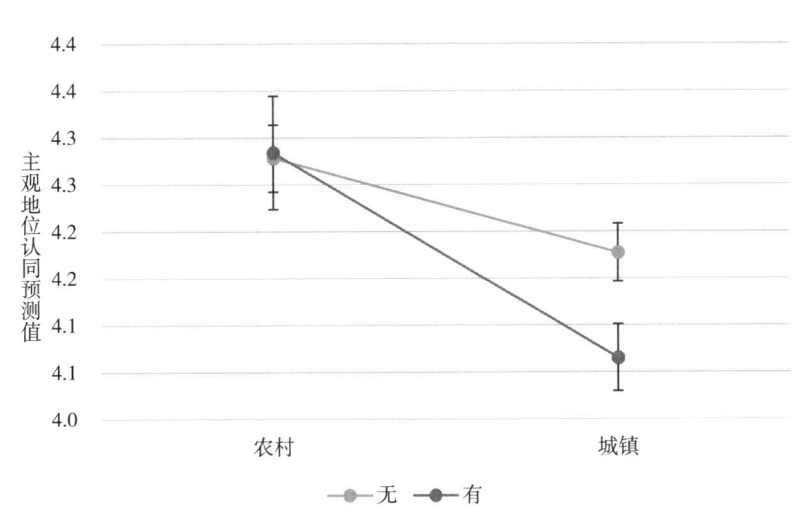

图 8-1-2　是否有迁移经历与居住地对主观地位认同的交互作用

虽然在多数时期内没有验证是否有迁移经历对公平感和主观地位认同的影响，但是从零星的有显著性的数据来看，有迁移经历的居民呈现出公平感更低和主观地位认同更低的情况，这能从侧面间接说明有迁移经历或许扩大了社会比较，从而带来公平感和主观地位认同的下降。在第四章第二节中已经发现主观地位认同越高、公平感越高的，但是主观地位认同是否在迁移经历和公平感的关系中有中介作用，在此很难分析，主要原因是迁移经历对公平感影响的主效应大部分不显著，这有可能与表 8-1-1 中提到的抽样的问题有关，也可能需要更多其他数据或更长时期的数据来检验。

（三）外出务工经历、主观地位认同和公平感

为进一步验证上述结果，本研究再采用 CGSS 2010 年的样本进行分析，因为在 2010 年农村模块的问卷中，询问了居民的外出务工经历，根据社会比较论，是否有外出务工经历的人主观地位认同将更低，公平感也更低？采用逻辑检验剔除样本后，2010 年 18—70 岁的样本中，回答了农村模块的共 4496 人，其中，从未有外出务工经历的 2815 人（62.61%），有过外出务工经历的 1681 人（37.39%）。在最近一次外出务工经历中，147 人（12.71%）是在本乡，168 人（14.52%）是在本县或县级市，131 人（11.32%）

是在本地区或地级市，176人（15.21%）是在本省，另有535人（46.24%）是在外省。而他们最近一次的务工时间为0—41年，平均为2年，短于一年的有566人（50.67%）。

对他们的主观地位认同和公平感进行分析发现（见表8-1-3），在控制变量后（控制变量为省级、性别、年龄、民族、宗教、受教育年限、家庭人均年收入、政治面貌、健康状况、婚姻状况、工作状况、户口和居住地），有过外出务工经历的人主观地位认同和公平感均显著低于没有外出务工经历的人。当引入主观地位认同后，是否有外出务工经历对公平感的影响变成边缘显著（$B = -0.079, p = 0.051$），可见，主观地位认同几乎起到完全中介作用。然而，最近一次务工的地点和时长对公平感的影响不显著，但是外出时长越长的人主观地位认同越高，这可能是因为外出务工时长提高了他们的身份认同，进而提高了其主观地位认同。

总的来说，外出务工经历通过降低人们的主观地位认同，降低了人们的公平感，验证了社会比较论。

表8-1-3　　　　外出务工经历对主观地位认同和公平感的影响

因变量	自变量	参照变量	系数	p值	N	R^2
公平感	有外出务工经历	无	-0.088	0.030	4144	0.076
	最近一次在外省务工	省内	-0.047	0.533	1066	0.080
	最近一次务工时间超过一年	短于一年	-0.016	0.826	1032	0.086
主观地位认同	有外出务工经历	无	-0.144	0.015	4140	0.137
	最近一次在外省务工	省内	0.039	0.715	1064	0.173
	最近一次务工时间超过一年	短于一年	0.215	0.035	1029	0.180

注：***$p<0.01$，**$p<0.05$，*$p<0.1$，控制变量的结果省去。

二　互联网发展与主观地位认同和公平感

（一）中国互联网的发展

据中国互联网络信息中心每半年公布的《中国互联网络发展状况统计

第八章 比较扩大：主观地位认同的中介作用

报告》显示，中国互联网普及率从 2002 年 6 月的 3.6% 不断上升至 2023 年 6 月的 76.4%（见图 8-2-1），截至 2023 年 6 月，中国网民规模已经达 10.79 亿人，[①] 超十亿网民构成了全球最大的数字社会。根据本研究使用的 CGSS 2010—2021 年的数据（见表 8-2-1），人们经常使用互联网（包括手机上网）的频率越来越高：从不使用互联网的比例从 2010 年的 62.72% 不断下降到 2021 年的 19.65%，总是使用互联网的比例从 2010 年的 10.62% 不断上升到 2021 年的 43.09%。认为互联网是最主要的信息来源的比例也从 2010 年的 14.69% 不断上升到 2021 年的 68.86%。

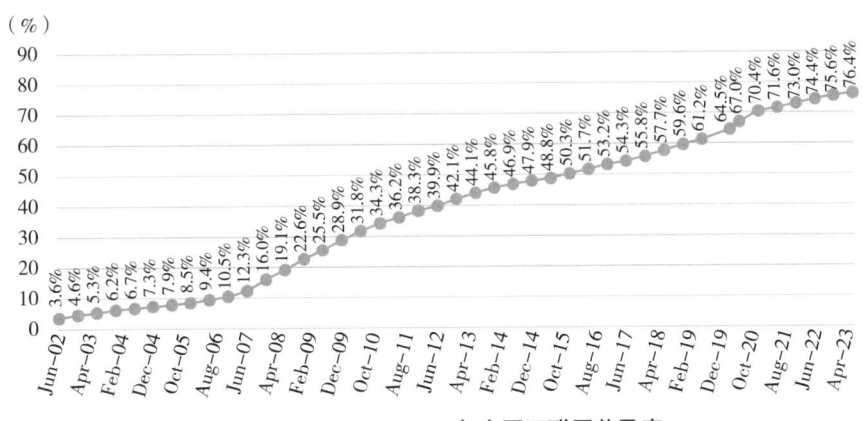

图 8-2-1 2002—2022 年全国互联网普及率

表 8-2-1 CGSS 2010—2021 年样本的互联网使用频率和认为互联网的重要性

（单位：人，%）

变量	选项	2010 年	2011 年	2012 年	2013 年	2015 年	2017 年	2018 年	2021 年	全样本
使用互联网的频率	从不	6700	3102	5938	5331	4481	3779	3265	1305	33901
		62.72	61.77	56.74	52.39	47.75	35.71	30.78	19.65	46.09
	很少	760	371	719	854	715	616	744	417	5196
		7.11	7.39	6.87	8.39	7.62	5.82	7.01	6.28	7.06
	有时	832	384	867	918	772	842	981	545	6141
		7.79	7.65	8.28	9.02	8.23	7.96	9.25	8.21	8.35

① 《第 52 次〈中国互联网络发展状况统计报告〉》，2023 年 8 月 28 日，中国互联网络信息中心，https://www.cnnic.net.cn/n4/2023/0828/c88-10829.html。

续表

变量	选项	2010年	2011年	2012年	2013年	2015年	2017年	2018年	2021年	全样本
使用互联网的频率	经常	1256	566	1302	1465	1469	2157	2491	1512	12218
		11.76	11.27	12.44	14.40	15.65	20.39	23.49	22.77	16.61
	总是	1135	599	1639	1608	1948	3187	3125	2861	16102
		10.62	11.93	15.66	15.80	20.76	30.12	29.46	43.09	21.89
	N	10683	5022	10465	10176	9385	10581	10606	6640	73558
		100	100	100	100	100	100	100	100	100
互联网是否为最主要的信息来源	否	9018	4143	8307	7747	6439	5548	4931	2018	48151
		85.31	83.70	80.40	77.85	69.38	53.22	47.45	31.14	66.52
	是	1553	807	2025	2204	2842	4876	5460	4463	24230
		14.69	16.30	19.60	22.15	30.62	46.78	52.55	68.86	33.48
	N	10571	4950	10332	9951	9281	10424	10391	6481	72381
		100	100	100	100	100	100	100	100	100

与此同时，互联网也带来新的社会问题，如网络成瘾、造谣、信息治理等。本研究无意关注这些因素对公平感的影响，而将继续验证社会比较论。许多研究者认为互联网的发展使地球变成了"地球村"，人们不需要离开本地，即可以看到世界上各色人等的各种各样的生活状况，因此互联网的发展扩大了人们的比较范围。再加上互联网上一系列炫富的信息，使用互联网越多的人是否感到自己的主观地位认同越低，社会公平感越低？另外，回声室效应认为，网络技术在带来便捷的同时，也在无形中给人们打造出一个封闭的、高度同质化的"回声室"（胡泳，2015）。研究者将这种效应归纳为：在网络空间内，人们经常接触相对同质化的人群和信息，听到相似的评论，倾向于将其当作真相和真理，不知不觉中窄化自己的眼界和理解，走向故步自封甚至偏执极化。那么，使用互联网越多的人是否会因为这种回声室效应，反而感到主观地位认同越高、社会公平感越高呢？

（二）互联网使用、主观地位认同和公平感

首先，分别分析互联网使用频率在主观地位认同和公平感上的时期变

化（见图 8-2-2），控制变量后（控制变量为省份、性别、年龄、民族、宗教、受教育年限、家庭人均年收入、政治面貌、健康状况、婚姻状况、工作状况、居住地和户口），从时期变化来看，无论是公平感还是主观地位认同都呈现出趋同的现象，但是从差异上来看，互联网使用频率低的居民，其公平感更高，而主观地位认同更低，这有可能是因为在这个信息时代，互联网使用频率低的居民其本身的地位认同就更低。

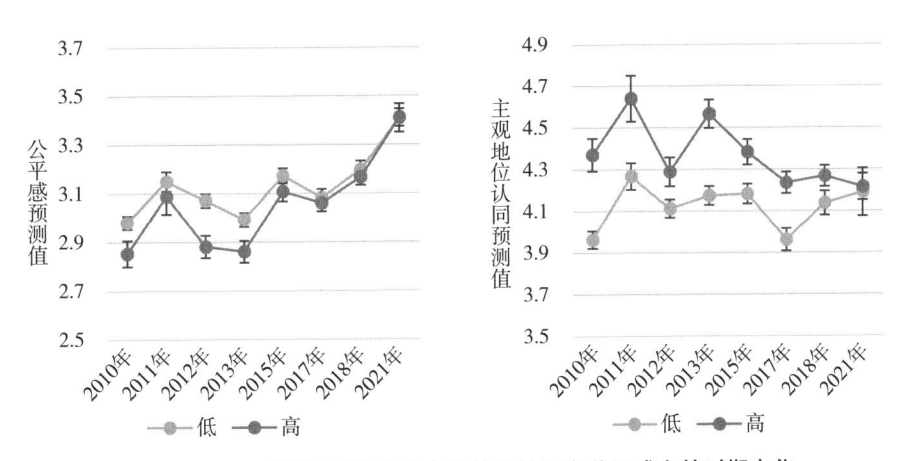

图 8-2-2 互联网使用频率在主观地位认同和公平感上的时期变化

因此，笔者按照第六章第二节收入群体的划分方法，通过历年 CGSS 家庭人均年收入数据，将人均年收入中位数的 0.75—2 倍界定为中等收入群体，其下界定为低收入群体，其上界定为高收入群体，对互联网使用频率和收入群体进行交互作用分析后发现（见图 8-2-3），对于低收入群体，一直是互联网使用频率低的居民公平感更高；而对于中高收入群体，在2015 年前的多数调查时期是互联网使用频率低的居民公平感更高，但在2015 年后的多数调查时期变为互联网使用频率低的居民公平感更低。对于主观地位认同来说，则无论低、中、高收入群体，几乎均是互联网使用频率低的居民主观地位认同越低。

可见，互联网使用频率一方面可能降低公平感，另一方面也可能通过提升主观地位认同来提高公平感，且其直接和间接效应均可能在不同收入群体间有所不同，即受到收入群体的调节作用。

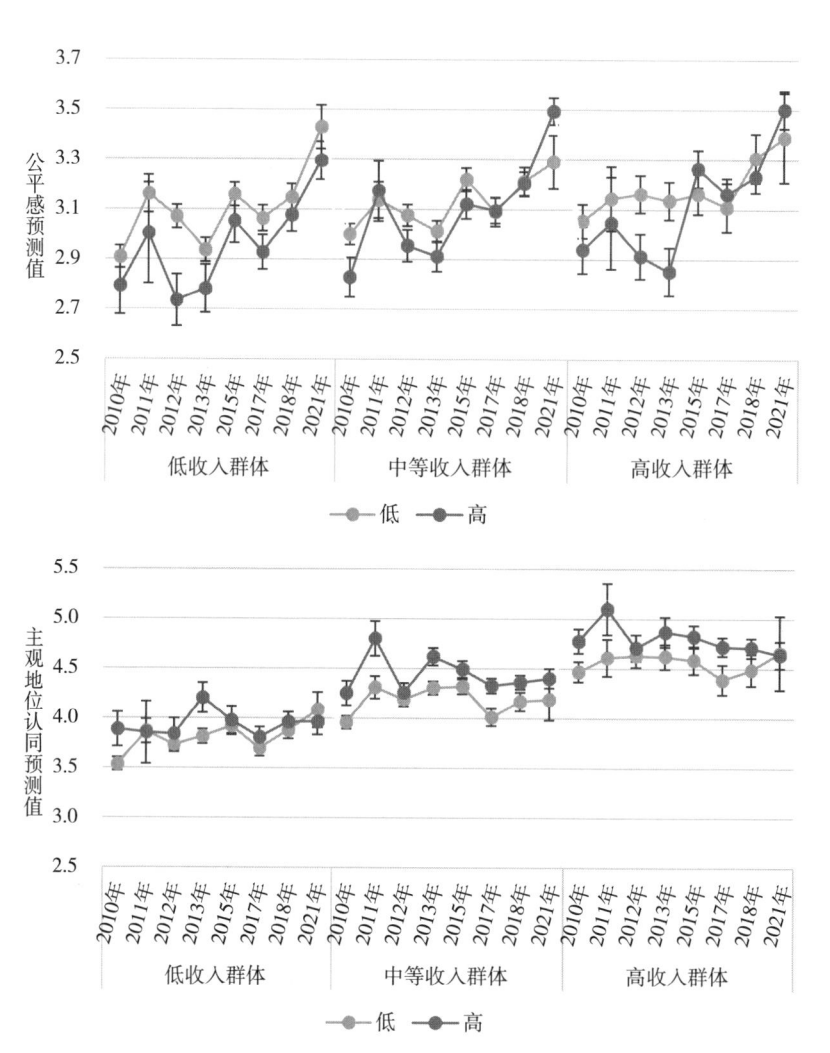

图 8-2-3 互联网使用频率和收入群体在公平感和主观地位认同上的交互作用

接下来,先分析主观地位认同的中介作用,将所有时期混合在一起,采用中介分析三步骤法发现(见表 8-2-2),互联网使用频率越高,主观地位认同越高,从而公平感越高。在进一步控制了主观地位认同前后,互联网使用频率对公平感的回归系数从 -0.018($p < 0.001$)变为 -0.023($p < 0.001$)。可见这证实了互联网的双重作用,即一方面使用互联网频率越高,公平感越低;另一方面使用互联网可以通过提高主观地位认同来提高公平感,中介效应如图 8-2-4 所示。

第八章 比较扩大：主观地位认同的中介作用

表 8-2-2　主观地位认同在互联网使用频率和公平感间的中介作用分析

变量	因变量：主观地位认同 模型1	因变量：公平感 模型2	模型3	模型4
截距	1.170***	2.210***	2.331***	2.214***
男性（女性=0）	−0.261***	0.015*	−0.010	0.015*
年龄	0.113***	0.085***	0.086***	0.075***
年龄的平方	0.041***	0.021***	0.026***	0.022***
受教育年限	0.038***	−0.003**	0.003*	−0.001
汉族（少数民族=0）	−0.075**	−0.082***	−0.090***	−0.082***
有宗教信仰（无=0）	0.051**	−0.060***	−0.058***	−0.062***
党员（非党员=0）	0.246***	0.085***	0.113***	0.089***
健康状况	0.246***	0.069***	0.093***	0.069***
务农（无工作=0）	0.041*	0.072***	0.077***	0.071***
非农工作（无工作=0）	0.084***	0.027**	0.045***	0.035***
家庭人均年收入的对数	0.154***	0.012***	0.029***	0.014***
已婚（未婚=0）	0.287***	−0.044***	−0.018	−0.046***
城镇（农村=0）	−0.167***	−0.148***	−0.157***	−0.140***
非农户口（农业户口=0）	0.124***	−0.059***	−0.040***	−0.053***
互联网使用频率	0.059***		−0.018***	−0.023***
主观地位认同		0.098***		0.099***
N	55401	55489	55695	55401
R^2	0.111	0.076	0.054	0.077
F	126.597***	91.073***	64.913***	90.107***

注：* 表示 $p<0.05$，** 表示 $p<0.01$，*** 表示 $p<0.1$，年份和省份已控制。

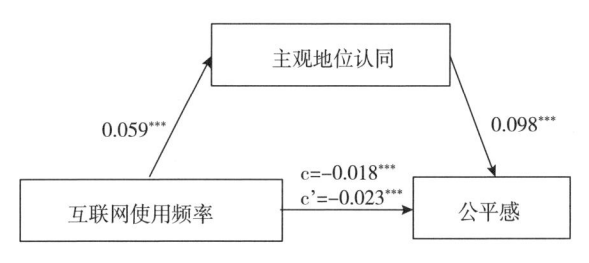

图 8-2-4　主观地位认同在互联网使用频率和公平感间的中介效应

最后要回答的问题是，直接效应和中介效应是否受到时期和收入群体的调节作用。为便于分析，还是将时期分为2010—2012年、2013—2017年和2018—2021年三个时间段，使用 SPSS 中的 process 插件，设定为模型59，因原始样本量较大而进行10万次 bootstrap 抽样。结果发现，时期在直接效应和中介效应的前后段上都有显著调节作用，而收入群体仅在直接效应和中介效应的后半段上有显著调节作用，在前半段没有显著调节作用。通过直接效应和中介效应之和计算总效应发现（见表8-2-3），随着时间越来越近期，或收入越来越高，互联网的双重作用由负向大于正向，变为正向大于负向，也即从互联网使用频率越高公平感越低，变为互联网使用频率越高公平感越高。似乎随着时间的推移和收入的增加，比较扩大的作用变得越来越小，而回声室效应的作用却越来越大。

近些年，人们在讨论互联网带给自己更大的世界以外，也开始注意到互联网大数据，尤其是各种算法推荐的出现，让人们开始进入信息茧房，只能看到被算法推荐过的东西，同质性变得越来越强。与此同时，这种信息茧房的作用似乎在高收入群体中更加明显，这也从另一个角度再次验证了第五章的假设，即高社会经济群体是不太顾后的，他们更难看到其他群体的处境。这虽然保护了他们的公平感，但从社会整体的发展来看，也不一定是有利的。

表8-2-3　时期和收入群体在直接和间接效应上的调节作用

路径	时期	效应值	标准误	LLCI	ULCI	收入群体	效应值	标准误	LLCI	ULCI
直接效应	2010—2012年	-0.045	0.006	-0.056	-0.034	低	-0.037	0.005	-0.047	-0.026
	2013—2017年	-0.022	0.005	-0.031	-0.013	中	-0.018	0.005	-0.027	-0.009
	2018—2021年	-0.001	0.006	-0.013	0.012	高	-0.017	0.007	-0.030	-0.004
间接效应	2010—2012年	0.006	0.001	0.005	0.008	低	0.004	0.001	0.003	0.006
	2013—2017年	0.006	0.001	0.004	0.008	中	0.006	0.001	0.005	0.008
	2018—2021年	0.003	0.001	0.001	0.005	高	0.005	0.001	0.003	0.007
总效应	2010—2012年	-0.039		-0.051	-0.026	低	-0.032		-0.045	-0.020
	2013—2017年	-0.016		-0.027	-0.005	中	-0.011		-0.022	-0.001
	2018—2021年	0.002		-0.012	0.017	高	-0.013		-0.027	0.002

（三）互联网普及、主观地位认同和公平感

因为中国互联网络信息中心仅在2016年公布了各省的互联网普及率，故在此笔者仅使用CGSS 2010—2015年数据和当年年底各省互联网普及率，使用分层线性模型，设定随机截距，将省份作为层二变量来分析互联网普及率对主观地位认同和公平感的影响。结果发现，在未控制省人均GDP和省人均GDP增速时，省互联网普及率越高的地方，其居民的公平感和主观地位认同都越高（见表8-2-4，模型1和模型5）；但是在控制了省人均GDP后，省互联网普及率对公平感就变成没有显著预测作用（见表8-2-4，模型2）；而如果仅控制省人均GDP增速，互联网普及率高仍然能显著正向预测公平感（见表8-2-4，模型3）。可见，互联网普及对公平感的影响，主要是因为在互联网普及率高的地方，人均GDP也高，两者相关达到0.91（$p < 0.001$）。如果控制人均GDP的话，只提高互联网普及率并不会影响到公平感。

对于主观地位认同，控制了省人均GDP后，省互联网普及率对主观地位认同变成显著负向预测作用（见表8-2-4，模型6）；而如果仅控制省人均GDP增速，互联网普及率高仍然能显著正向预测主观地位认同（见表8-2-4，模型7）。可见，互联网普及确实可能通过扩大比较来降低主观地位认同，但是因为与此同时在互联网普及率高的地方，较高人均GDP会带来的主观地位认同提升，而抵消了比较扩大对主观地位认同的下降。如果同时控制省人均GDP和省人均GDP增速的话，互联网普及率对公平感和主观地位认同的预测作用均变为不显著（见表8-2-4，模型4和模型8）。

总的来说，互联网普及会降低居民的主观地位认同，但是因为互联网普及率高的省份人均GDP也高，而人均GDP会提高公平感和主观地位认同，这些作用交汇在一起，如果省人均GDP和增速不变，仅提高互联网普及率不会对公平感和主观地位认同产生影响。

表 8-2-4　　互联网普及率对公平感和主观地位认同的回归分析

变量	公平感				主观地位认同			
	模型1	模型2	模型3	模型4	模型5	模型6	模型7	模型8
截距	2.37***	−0.27	2.14***	−0.40	0.51***	−6.33***	−0.26	−7.04***
男性（女性=0）	−0.03***	−0.03***	−0.03***	−0.03***	−0.26***	−0.27***	−0.26***	−0.27***
年龄	0.08***	0.08***	0.08***	0.08***	0.11***	0.11***	0.12***	0.12***
年龄的平方	0.03***	0.03***	0.03***	0.03***	0.05***	0.05***	0.05***	0.05***
受教育年限	0	0	0	0	0.04***	0.04***	0.04***	0.04***
汉族（少数民族=0）	−0.09***	−0.09***	−0.09***	−0.09***	−0.13***	−0.13***	−0.13***	−0.13***
有宗教信仰（无=0）	−0.04**	−0.04**	−0.04**	−0.04**	0.06**	0.06**	0.06**	0.06**
党员（非党员=0）	0.08***	0.08***	0.08***	0.08***	0.23***	0.23***	0.23***	0.23***
健康状况	0.07***	0.07***	0.07***	0.07***	0.22***	0.22***	0.22***	0.22***
务农（无工作=0）	0.10***	0.10***	0.10***	0.10***	0.05***	0.05*	0.05*	0.04*
非农工作（无工作=0）	0.03**	0.03**	0.03**	0.03**	0.09***	0.09***	0.09***	0.09***
家庭人均年收入的对数	0.03***	0.03***	0.03***	0.03***	0.23***	0.23***	0.23***	0.23***
已婚（未婚=0）	−0.03*	−0.03*	−0.03*	−0.03*	0.36***	0.35***	0.36***	0.36***
城镇（农村=0）	−0.20***	−0.20***	−0.21***	−0.20***	−0.20***	−0.20***	−0.21***	−0.20***
非农户口（农业户口=0）	−0.02***	−0.02***	−0.02***	−0.02***	0.01	0.01	0.01	0.01
互联网使用频率	−0.01	−0.01	−0.01	−0.01	0.08***	0.08***	0.08***	0.08***
省人均 GDP		0.29***		0.28***		0.75***		0.75***
省人均 GDP 增速			0.47***	0.43***			1.59***	1.50***
省互联网普及率	0.69***	−0.20	1.09***	0.20	0.38***	−1.91***	1.72***	−0.67

注：*表示 $p<0.05$，**表示 $p<0.01$，***表示 $p<0.1$。

那么在互联网普及率高的省份，互联网使用程度高低对居民主观地位认同和公平感的影响如何？使用分层线性回归模型，将省份作为层二变量，在分省互联网普及率和个体互联网使用程度间建立交互作用，并设定随机截距和随机斜率，结果发现，互联网普及率（$B = 1.335, p < 0.001$）和互联网使用程度（$B = 0.090, p < 0.001$）均能显著正向预测主观地位认同；

互联网普及率显著正向预测公平感（$B = 0.961, p < 0.001$），而互联网使用程度显著负向预测公平感（$B = -0.030, p = 0.003$），这些结果与上述基本一致。但是，互联网普及率和互联网使用程度的交互项，对公平感（$B = 0.042, p = 0.310$）和主观地位认同（$B = -0.105, p = 0.051$）均无显著预测作用，说明互联网使用程度在互联网普及率与公平感或主观地位认同间没有调节作用。

本章小结

本章的社会比较论仅在外出务工经历上得到了完全验证，外出务工经历通过降低人们的主观地位认同，降低了人们的公平感。而在其他一些结果中，理论上会带来比较范围扩大的经历（如迁移经历）仅能影响主观地位认同，而对公平感没有影响。在互联网发展的结果中，竞争性假设的作用更大：互联网使用对公平感的影响有双重作用，一方面使用互联网频率越高，公平感越低；另一方面使用互联网可以通过提高主观地位认同来提高公平感，且随着时间的推移和收入的增加，比较扩大的作用变得越来越小，而回声室效应的作用却越来越大，使用互联网对主观地位认同和公平感的提高作用越来越明显。互联网普及会降低居民的主观地位认同，但是因为互联网普及率高的省份人均 GDP 也高，而人均 GDP 会提高公平感和主观地位认同，这些作用交汇在一起，如果省人均 GDP 和增速不变，仅提高互联网普及率不会对公平感和主观地位认同产生影响。总的来说，与社会比较扩大相关联的其他社会变迁过程可能会对公平感产生更大的影响。

第九章　社会流动：
提高公平感并增强正向隧道效应

社会流动理论认为，如果人们感到向上流动的可能性更大，则公平感更高。原隧道效应认为增强或存在正向隧道效应的前提是，两个车道的群体间具有流动性（Hirschman, Rothschild, 1973）。因此，本章除了验证社会流动对公平感的影响以外，还以农村居民为例，分析经历或感到有更多向上流动机会的农村居民是否更能接受不平等，从而使得城镇收入份额对其公平感的负向影响更少。

一　代际教育和职业流动与公平感

（一）中国的代际流动

本节分别从代际教育流动和代际职业流动两个方面来考察代际流动及其对公平感的影响，此处代际流动主要指的是相对于父亲而言的流动情况，而未考察相对于母亲而言的流动情况的影响。

表9-1-1呈现了2010—2021年所有样本代际教育流动的总情况，阴影部分代表的是代际教育继承，阴影的右边则是代际教育向上流动，左边是代际教育向下流动。可以看到父亲受教育程度是本专科的，代际继承率最高，而父母是研究生受教育程度的，代际继承率最低，当然父亲受教育程度是研究生的人数本身就小于100人。父亲受教育程度是初中的总代际

第九章
社会流动：提高公平感并增强正向隧道效应

向上流动率最高，为 61.65%；而父亲受教育程度是研究生的总代际向下流动率最高，为 79.75%。这本身也因为当父亲受教育程度是研究生时，除了代际继承外，只剩下代际教育向下流动的可能性。当父亲受教育程度为高中及以下时，比例最高的是向上流动一个至两个受教育程度（父亲受教育程度为初中时，比例最高的是向上流动两个受教育程度，至本专科）；而当父亲受教育程度为本专科及以上时，比例最高的是向下流动一个受教育程度。这与 Erikson 和 Goldthorpe 对于社会流动的发现较一致，即代际流动一般只流动一个层级（Erikson，Goldthorpe，1993）。

表 9-1-1　　　　　　　　代际教育流动　　　　　　（单位：人，%）

父亲受教育程度	自身受教育程度				
	小学及以下	初中	高中	大学	研究生
小学及以下	19936	15986	8083	3959	134
	41.45	33.24	16.81	8.23	0.28
初中	1156	3356	3354	3744	155
	9.83	28.53	28.51	31.82	1.32
高中	464	1395	1821	3205	217
	6.53	19.64	25.64	45.13	3.06
本专科	83	238	537	1589	277
	3.05	8.74	19.71	58.33	10.17
研究生	1	3	6	49	15
	1.35	4.05	8.11	66.22	20.27

使用自身受教育程度减去父亲受教育程度，得到代际教育流动的分数，其值为正代表代际教育向上流动，其值为负代际教育向下流动，绝对值越大，代表代际教育流动的教育等级越多。总的来看（见图 9-1-1），代际教育向上流动的比例最高。分时期来看，2010—2021 年，代际教育继承率波动性下降，从 2010 年的 39.87% 下降到 2021 年的 33.36%；而代际教育向上流动有所增加。

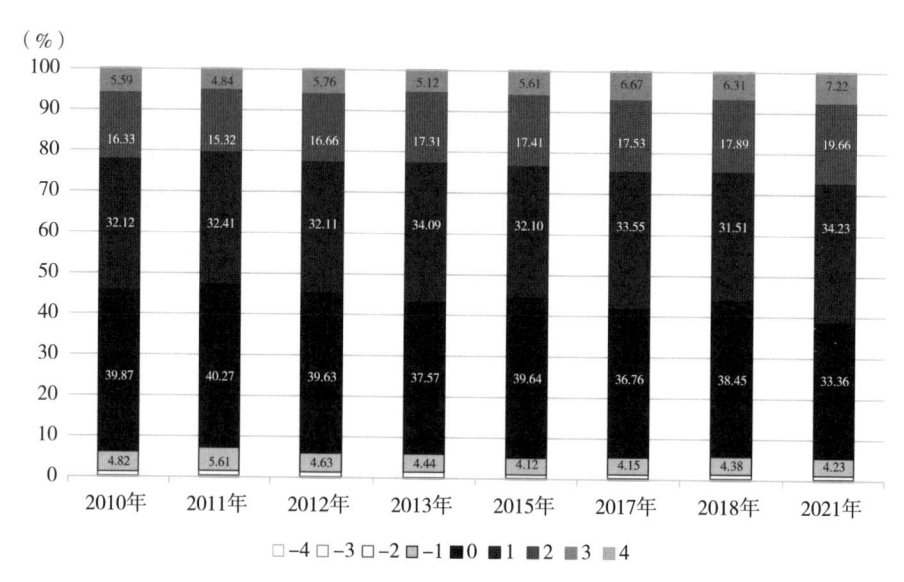

图 9-1-1　代际教育流动的时期变化

对于代际职业流动，本部分既采用了分类的方式，也采用了定量的方式。分类的方式则按职业编码分为单位负责人、专业人员、技术人员、办事人员、服务人员、农业从业者和工人7类。[①] 因为 CGSS 2011 年询问的是父亲目前或最近一份工作的职业编码，而其他年份询问的是 14 岁时父亲的职业编码，故在分析中未将 CGSS 2011 年的数据纳入其中。表 9-1-2 中的阴影部分仍然代表的是代际继承率，其中代际职业继承率最高的职业是农业生产者（49.39%），其次是工人（31.16%）。单独看农业从业者和非农从业者的继承率，则可以看到，非农从业者的继承率非常高（89.20%），很难从非农从业者降为农业从业者（10.80%），但是从农业从业者到非农从业者的比例为（50.61%），流动率和继承率（49.39%）各占一半。

此外，按照王春光（2003）的分类，将单位负责人、专业人员、技术人员和办事人员划分为"白领"，将服务人员、农业生产者和工人划分为"蓝领"。此种划分方法下，父亲是蓝领，子代也是蓝领的比例是 76.51%，子代是白领的比例是 23.49%；父亲是白领，子代也是白领的比例是

---

① 因父亲是军人的被调查者仅有 14 人，自己是军人的仅有 5 人，故此结果省去。

第九章
社会流动：提高公平感并增强正向隧道效应

56.72%，子代是蓝领的比例是43.28%。可见，代际职业继承率高于代际流动率，且父亲是蓝领继承率高于父亲是白领。

分时期来看（见图9-1-2），非农从业者的继承率有所上升，而农业从业者的继承率有所下降，这可能与产业结构调整有关（见第六章），越来越多的人进入了非农产业。蓝白领继承率的变化明显体现在2015年后，2015年前蓝领继承率在80%左右，白领继承率在50%左右；而在2015年后，蓝领继承率降到70%左右，白领继承率上升到60%以上。

表9-1-2　　　　　　　　代际职业流动　　　　　　（单位：人，%）

父亲职业	自身职业						
	单位负责人	专业人员	技术人员	办事人员	服务人员	农业从业者	工人
单位负责人	400	367	334	325	366	347	400
	15.75	14.45	13.15	12.80	14.42	13.67	15.75
专业人员	172	444	183	194	189	278	257
	10.02	25.86	10.66	11.30	11.01	16.19	14.97
技术人员	162	174	227	171	172	84	217
	13.42	14.42	18.81	14.17	14.25	6.96	17.98
办事人员	157	177	191	271	187	207	309
	10.47	11.81	12.74	18.08	12.47	13.81	20.61
服务人员	116	123	138	163	274	84	241
	10.18	10.80	12.12	14.31	24.06	7.37	21.16
农业从业者	1771	1037	772	847	2529	12278	5627
	7.12	4.17	3.11	3.41	10.17	49.39	22.63
工人	599	629	602	714	1050	521	1863
	10.02	10.52	10.07	11.94	17.56	8.72	31.16

定量的方式是将自身和父亲的非农职业编码转换成国际社会经济地位指数（ISEI），将被调查者自身的ISEI得分减去父亲的ISEI得分得到非农职业的代际流动情况，分时期的平均分显示（见图9-1-3），2010—2021年，在非农职业上，主要呈现为代际向上流动，且2015—2021年间向上流动的幅度越来越大。

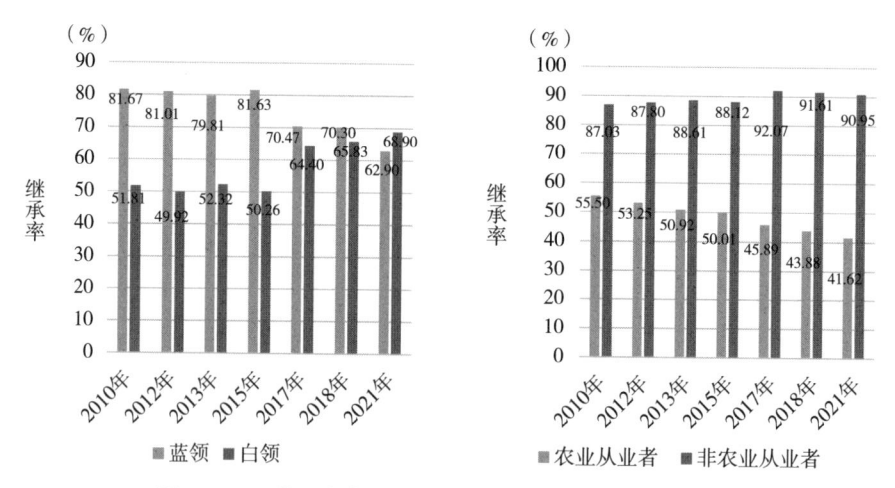

图 9-1-2　是否为农业从业者和蓝白领继承率的时期变化

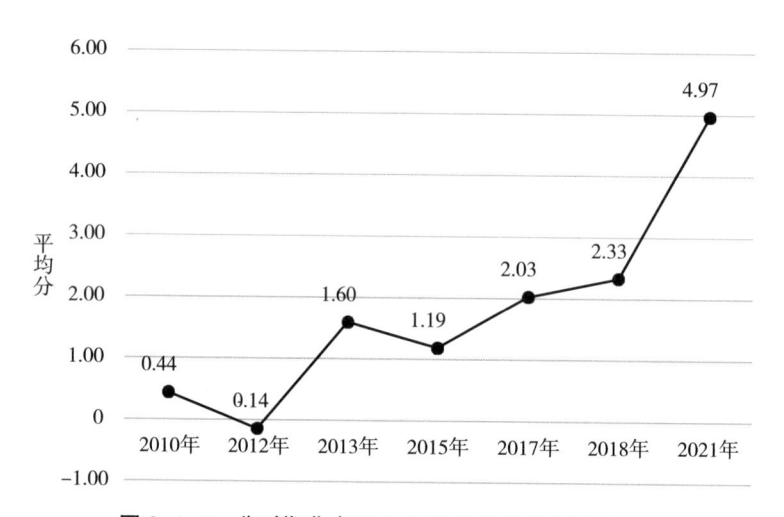

图 9-1-3　分时期非农职业 ISEI 得分的代际流动情况

（二）代际教育流动中的公平感变迁

使用前面构建的代际教育流动分数，分析代际教育流动对公平感的影响。分时期来看，当控制变量后（控制变量为省份、性别、年龄、民族、宗教、家庭人均年收入、政治面貌、健康状况、婚姻状况、工作状况、户口），并且考虑到父亲不同的受教育程度，子代教育流动的机会和难度是不一样的，因此进一步控制了父亲的受教育程度，但是因为涉及代际流动，故不再控制子代的受教育程度。结果发现（见图9-1-4），在2015年及以前，代际教育越向上流动，公平感没有显著差异；但是在2017年和2021年时，代际教育越向上流动，公平感越高。

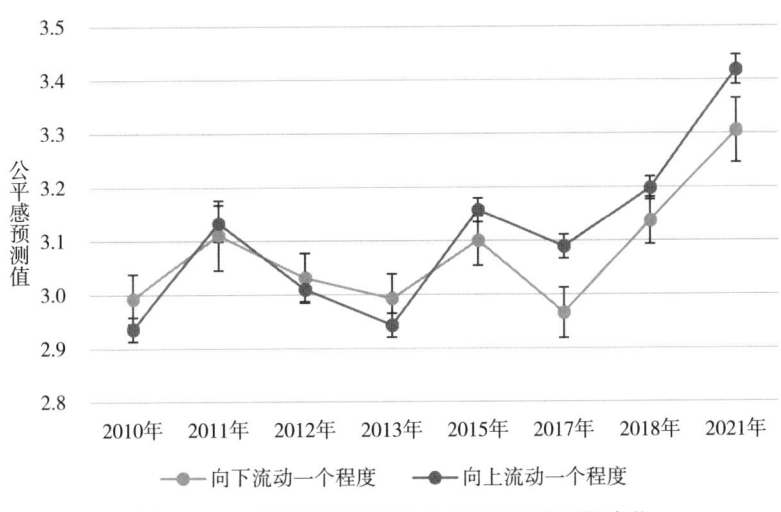

图 9-1-4　代际教育流动对公平感影响的时期变化

分全样本和2010—2012年、2013—2017年、2018—2021年三个时期样本的分析确实也发现（见表9-1-3），总的来说，代际教育越向上流动，公平感越高，但是这一效应在2010—2012年不显著，而在2013年后显著。

表 9-1-3　　　　　代际教育流动对公平感的影响

变量	全样本	2010—2012 年	2013—2017 年	2018—2021 年
截距	2.309***	2.291***	2.403***	2.450***
男性（女性=0）	−0.008	−0.042***	−0.008	0.052***
年龄	0.092***	0.096***	0.097***	0.079***
年龄的平方	0.024***	0.020***	0.024***	0.023***
汉族（少数民族=0）	−0.082***	−0.078**	−0.103***	−0.044
有宗教信仰（无=0）	−0.042***	−0.074***	−0.025	0.003
党员（非党员=0）	0.088***	0.077***	0.074***	0.156***
健康状况	0.093***	0.085***	0.084***	0.115***
务农（无工作=0）	0.090***	0.110***	0.079***	0.008

续表

变量	全样本	2010—2012年	2013—2017年	2018—2021年
非农工作（无工作=0）	0.028**	0.045**	0.013	0.033
家庭人均年收入的对数	0.027***	0.026***	0.029***	0.017***
已婚（未婚=0）	0	−0.022	−0.005	0.046**
非农户口（农业户口=0）	−0.016***	−0.037***	−0.012	0
城镇（农村=0）	−0.174***	−0.200***	−0.186***	−0.116***
父亲初中（父亲小学及以下=0）	0.051***	0.012	0.069***	0.084***
父亲高中（父亲小学及以下=0）	0.077***	0.006	0.140***	0.091***
父亲本专科（父亲小学及以下=0）	0.081***	−0.046	0.135***	0.203***
父亲研究生（父亲小学及以下=0）	0.112	0.078	0.116	0.261
代际教育向上流动	0.014**	−0.009	0.030***	0.023**
N	61383	22193	25421	13769
R^2	0.054	0.061	0.043	0.054
F	66.802***	29.955***	26.087***	17.316***

注：* 表示 $p < 0.05$，** 表示 $p < 0.01$，*** 表示 $p < 0.1$，年份和省份已控制。

另一个笔者感兴趣的问题是，如果按照隧道效应理论，社会流动性是产生正向隧道效应的基础，那么在第五章的基础上，是否经历了更多代际教育向上流动的农村居民更能接受不平等，从而使得城镇收入份额对其公平感的负向影响更小？此部分仅对农村居民样本进行分析，城镇收入份额采用第五章所构建的省级城镇收入份额指标。使用分层线性回归模型，将省份作为层二变量，用所有时期的分省数据来模拟时期变化，因存在跨层交互，故除了随机截距外，还设定模型在不同代际教育流动水平上的斜率也是随机的。结果发现，对于农村居民，城镇收入份额和代际教育流动的交互作用显著（$B = 0.533, p = 0.002$），具体表现为（见图9-1-5），当个体的代际教育向上流动程度更高时，城镇收入份额更高时，农村居民的公平感反而更高，体现出更强的正向隧道效应。

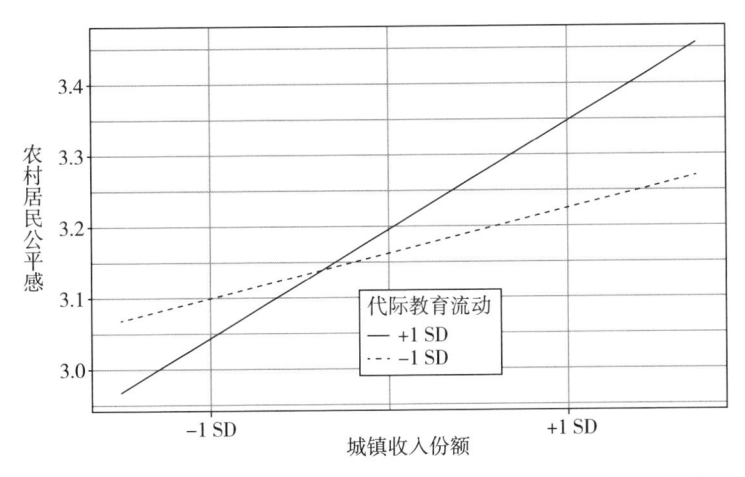

图 9-1-5　代际教育流动和城镇收入份额对农村居民公平感的交互作用

（三）代际职业流动中的公平感变迁

本节分三部分，第一部分以白领和蓝领两大职业类别为指标，第二部分以是否从事农业工作为指标，以非农职业的 ISEI 为指标，分不同层次分析了代际职业流动对公平感的影响。首先，可以很明显地看到（见图 9-1-6），在控制变量后（控制变量为省份、性别、年龄、民族、宗教、家庭人均年收入、受教育程度、政治面貌、健康状况、婚姻状况、工作状况和户

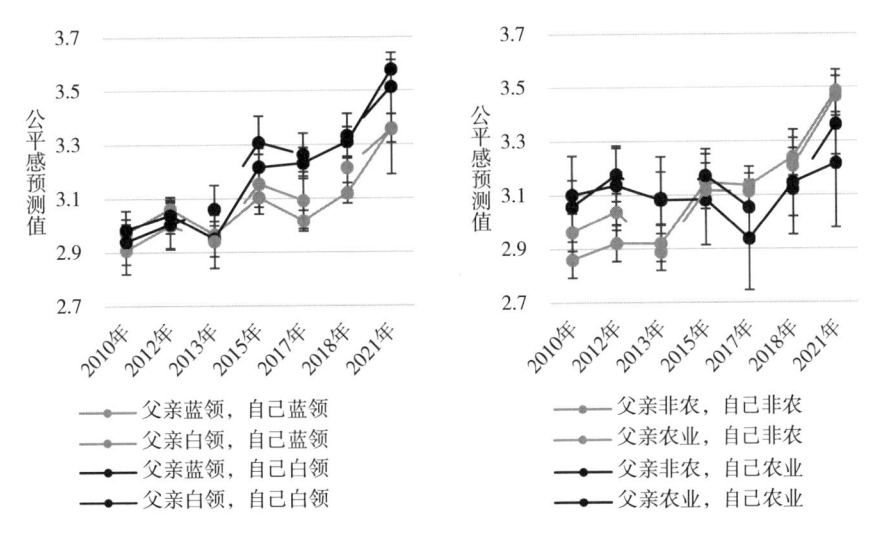

图 9-1-6　代际职业流动对公平感影响的时期变化

口），从 2010 年至 2021 年，无论父亲是否为白领，公平感提升最多的是白领，而蓝领的公平感更低。在是否非农上，非农者的公平感提升幅度大于农业从业者，但是在父亲是否从事农业上的差异也不明显。这似乎表明，影响公平感更重要的是自身能否进入白领或非农工作，而非代际职业流动或继承。但若仅看父亲和自己都是非农职业的群体，在父亲 ISEI 不变的情况下，ISEI 的代际流动与时期均没有显著差异（$Bs = -0.001 — 0.001, ps = 0.522 — 0.865$），而 ISEI 向上流动可以显著正向预测公平感（$B = 0.004, p = 0.006$），ISEI 分提高 10 分，公平感约提高 0.04 分。

分全样本和 2010—2012 年、2013—2017 年、2018—2021 年三个时期样本的分析结果发现（见表 9-1-4），当按蓝白领分类时，无论是全样本还是分时期的样本，均只有自己的职业是白领的能显著正向预测公平感，父亲的职业类型及其与自己职业类型的交互作用均不显著。当按是否为农业从业者分类时，几乎父亲和自身职业类型及其交互作用都不显著。除了在 2010—2012 年时，父亲是农业从业者的公平感高于父亲是非农从业者，而交互作用在 0.1 水平上显著，从图 9-1-6 来看，这一结果主要是对于自己是非农从业者而言，即从农业从业者代际流动到非农从业者的居民，公平感高于继承了父亲非农从业身份的居民。当按非农职业 ISEI 分析时，当使用全样本时，父亲非农 ISEI 或自身 ISEI 越高，公平感越高，但交互作用均不显著；而在 2013—2017 年时，仅自身 ISEI 越高能显著正向预测公平感，其他时期的其他变量均对公平感没有显著预测作用。综合这些结果来看，代际职业流动和自身职业地位同时对公平感产生影响。

表 9-1-4　　　　代际职业流动对公平感影响的回归分析结果

职业分类	变量	全样本 系数	全样本 p 值	2010—2012 年 系数	2010—2012 年 p 值	2013—2017 年 系数	2013—2017 年 p 值	2018—2021 年 系数	2018—2021 年 p 值
蓝白领	父亲白领（父亲蓝领=0）	0.002	0.931	−0.013	0.717	0.023	0.497	0.005	0.914
蓝白领	自己白领（自己蓝领=0）	0.101	0.000	0.095	0.004	0.098	0.000	0.096	0.003
蓝白领	父亲白领 × 自己白领	0.007	0.809	0.001	0.978	0.036	0.426	−0.040	0.531

续表

职业分类	变量	全样本 系数	p值	2010—2012年 系数	p值	2013—2017年 系数	p值	2018—2021年 系数	p值
是否为农业从业者	父亲农业（父亲非农=0）	0.026	0.088	0.060	0.031	-0.002	0.927	0.007	0.803
	自己农业（自己非农=0）	0.050	0.488	-0.008	0.950	0.006	0.958	0.083	0.590
	父亲农业×自己农业	-0.009	0.795	-0.099	0.066	0.065	0.214	0.054	0.504
非农职业ISEI	父亲非农ISEI	0.004	0.027	0.003	0.300	0.005	0.084	0.005	0.278
	自己非农ISEI	0.007	0.000	0.006	0.077	0.008	0.002	0.006	0.170
	父亲非农ISEI×自己非农ISEI	0.000	0.063	0.000	0.503	0.000	0.197	0.000	0.202

注：为节省篇幅，控制变量结果已省略，除本书常用人口学控制变量外，年份和省份均已控制。

因为蓝白领分类的方法包括了更多职业流动的信息，在此使用蓝白领的分类方法再次验证社会流动是正向隧道效应基础这一假设。结果发现，相对父亲蓝领自己也是蓝领的农村居民来说，城镇收入份额与父亲蓝领自己向上流动到白领职业的农村居民的公平感有显著交互作用（$B = 0.623$，$p = 0.002$），而与其他代际流动上没有显著交互作用。从图9-1-7上也可以

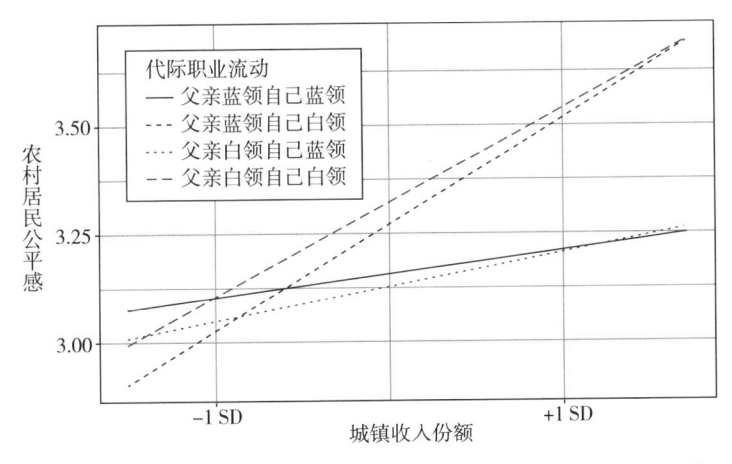

图9-1-7 代际职业流动和城镇收入份额对农村居民公平感的交互作用

看到,父亲蓝领自己白领的农村居民的斜率是最大的,说明当城镇收入份额高时,其公平感的正向隧道效应最明显。

二 微观和宏观流动感知与公平感

(一)社会流动感知的维度及其变化

从比较对象上,社会流动感知可分为自身流动感知和代际流动感知;从时间维度上,社会流动感知又可分为过去流动感知和未来流动感知。这两个维度两两交叉则可以得到自身过去流动感知、自身未来流动感知、代际过去流动感知和代际未来流动感知四种。除此之外,社会流动感知还可以分为微观流动感知和宏观流动感知,微观流动感知指的是对于个体社会等级流动的感知,而宏观流动感知则指的是对于整个社会流动性的感知,例如近年来人们对于社会流动的讨论,就属于宏观社会流动感知。它不能分为自身和代际,但可以分为向上流动、向下流动和社会固化。

哪一类流动感知更能预测公平感?本节原计划也使用 CGSS 数据进行微观和宏观流动感知对公平感影响的研究。但是遗憾的是,CGSS 的数据在微观层面上仅能构建自身过去流动感知、自身未来流动感知和代际过去流动感知三个指标,缺少了代际未来流动感知,而对于重视家庭的中国人来说,可能更重视未来子代能否拥有更多向上的空间。此外,CGSS 中测量了宏观社会流动感知的时期也较少。因此,本节笔者将使用 2019—2022 年中国社会心态调查(CSMS)的数据进行分析。CSMS 是由中国社会科学院社会学研究所社会心理学研究中心开展的全国大型抽样调查,包括线上和线下调查,本研究使用的是其线下调查的数据。因为线下调查是全国 PPS 抽样的入户调查,代表性更高,包括 2019 年、2020 年和 2022 年三个时期,样本情况如表 9-2-1 所示。需要说明的是,CSMS 中家庭月收入采用的是分类测量的方法,分为 2000 元及以下、2001—6000 元、6001—10000 元、10001—15000 元、15001—30000 元、30001—100000 元、

第九章
社会流动：提高公平感并增强正向隧道效应

100000 元以上七档，本研究中将它们当作连续变量处理。此外，2019 年 CSMS 的抽样框为城市，无常住地城乡分类的编码，故在后续分析中未控制居住地，否则将损失 2019 年的数据。

表 9-2-1　　　　　CSMS 三个调查时期的样本情况

	最小值	最大值	全部	2019 年	2020 年	2022 年
男性	0	1	0.44 ± 0.50	0.44 ± 0.50	0.43 ± 0.50	0.43 ± 0.50
年龄	18	71	41.83 ± 13.17	41.51 ± 13.94	41.61 ± 13.02	42.68 ± 12.16
受教育年限	0	19	11.58 ± 3.32	11.45 ± 3.43	11.17 ± 3.42	12.45 ± 2.79
少数民族	0	1	0.05 ± 0.22	0.05 ± 0.21	0.06 ± 0.23	0.04 ± 0.20
有宗教信仰	0	1	0.12 ± 0.32	0.15 ± 0.35	0.09 ± 0.28	0.13 ± 0.34
共产党员	0	1	0.06 ± 0.24	0.08 ± 0.27	0.05 ± 0.22	0.05 ± 0.21
健康状况	1	5	3.87 ± 0.79	3.80 ± 0.83	3.96 ± 0.79	3.83 ± 0.71
学生	0	1	0.03 ± 0.17	0.05 ± 0.21	0.02 ± 0.16	0.02 ± 0.14
有工作	0	1	0.68 ± 0.47	0.68 ± 0.47	0.65 ± 0.48	0.73 ± 0.44
家庭月收入	1	7	3.24 ± 1.38	3.24 ± 1.50	3.19 ± 1.41	3.30 ± 1.11
已婚	0	1	0.78 ± 0.41	0.77 ± 0.42	0.77 ± 0.42	0.81 ± 0.39
城市户口	0	1	0.43 ± 0.50	0.44 ± 0.50	0.36 ± 0.48	0.54 ± 0.50
居住在城镇	0	1	0.65 ± 0.48	/	0.59 ± 0.49	0.75 ± 0.43
N			25624	9261	10195	6168

在 CSMS 数据中，使用阶梯法测量了居民对上一辈、五年前、自己目前、五年后和下一代的等级感知，按 1—10 分评分，分数越高，代表主观等级越高。本研究中用现在的自身等级感知减去上一辈等级感知，构建代际过去流动感知指标；用现在的自身等级感知减去五年前等级感知，构建自身过去流动感知指标；用五年后等级感知减去现在自身等级感知，构建自身未来流动感知指标；用下一代等级感知减去现在自身等级感知，构建代际未来流动感知指标。

在宏观流动感知方面，使用 CSMS 中的题目"在当今社会，白手起家的可能性仍然很大"作为社会向上流动感知的指标；"我们出生的社会环境决定了我们的一生"作为社会固化感知的指标;"在当今社会,富人仍然可以失去一切而变成穷人"作为社会向下流动感知的指标。被调查者从非常不同意(=1)至非常同意(=7)间进行选择,分数越高代表越赞同该说法。公平感的测量题目与 CGSS 基本相同,"总的来说,您觉得当今社会是否公平",但是不同于 CGSS 的五级评分,CSMS 中采用了七级评分,被调查者从非常不公平(=1)至非常公平(=7)间进行评价,分数越高,代表公平感越高。

如图 9-2-1 所示,控制了其他人口学变量后(控制变量为省份、性别、年龄、受教育年限、民族状况、宗教信仰、政治状况、健康状况、工作状况、家庭月收入、婚姻状况和户口),2019—2022 年,四种微观流动感知基本上都是在 2020 年时有所下降,而在 2022 年时有所上升,几乎是平行变化。稍微不同的是,在 2022 年时,自身未来流动感知增加的幅度小于代际未来流动感知。宏观流动感知方面,民众认为社会固化程度较低,且变化幅度不大,但是向下流动感知从 2019 年时最高不断下降到 2022 年时显著低于向上流动感知,而向上流动感知则在 2022 年时上升到最高。这说明在 2022 年时,民众不仅认为子代有更大上升的空间,也认为整个社会的向上流动空间更大了。

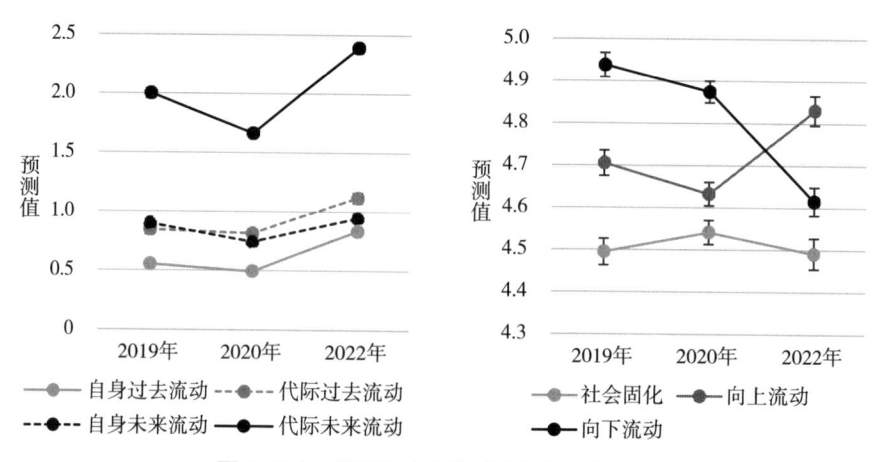

图 9-2-1　微观和宏观流动感知的时期变化

（二）微观流动感知与主观等级的相互作用

笔者首先想回答的问题是，在四种微观流动感知维度，哪个维度对公平感的预测作用更大？结果发现（见表 9-2-2，模型 1），当控制了其他维度后，代际和自身未来流动感知对公平感均没有显著预测作用，但是代际和自身过去流动感知对公平感均有显著正向预测作用，且两者的系数也很接近。自身过去流动感知每提高 1 分，公平感可以显著提高 0.027 分；而代际过去流动感知每提高 1 分，公平感可以显著提高 0.024 分。可见，对公平感影响更大的是过去流动感知。

表 9-2-2 微观和宏观流动感知对公平感影响的回归分析结果

变量	模型 1	模型 2	模型 3	模型 4
截距	3.702***	3.687***	3.066***	3.028***
男性（女性 =0）	0.056***	0.064***	0.078***	0.083***
年龄	0.059***	0.059***	0.055***	0.053***
年龄的平方	0.024***	0.023***	0.025***	0.024***
受教育年限	−0.008***	−0.010***	−0.006**	−0.007**
汉族（少数民族 =0）	0.153***	0.156***	0.146***	0.151***
有宗教信仰（无宗教信仰 =0）	−0.084***	−0.093***	−0.085***	−0.091***
党员（非党员 =0）	0.180***	0.177***	0.185***	0.176***
健康状况	0.142***	0.126***	0.133***	0.119***
学生（无工作 =0）	0.222***	0.209***	0.214***	0.207***
有工作（无工作 =0）	0.104***	0.097***	0.103***	0.098***
家庭月收入	0.038***	0.030***	0.039***	0.030***
已婚（未婚 =0）	0.113***	0.108***	0.105***	0.104***
城市户口（农村户口 =0）	−0.063***	−0.073***	−0.056***	−0.065***
自身过去流动感知	0.027***	0.063***		
代际过去流动感知	0.024***	−0.005		
自身未来流动感知	0.007	0.018		
代际未来流动感知	−0.003	−0.044***		
主观等级		0.032***		0.037

续表

变量	模型 1	模型 2	模型 3	模型 4
主观等级 × 自身过去流动感知		−0.009**		
主观等级 × 代际过去流动感知		0.003		
主观等级 × 自身未来流动感知		−0.002		
主观等级 × 代际未来流动感知		0.012***		
社会固化感知			−0.014**	−0.032*
向上流动感知			0.127***	0.169***
向下流动感知			0.031***	−0.001
主观等级 × 社会固化感知				0.004
主观等级 × 向上流动感知				−0.009**
主观等级 × 向下流动感知				0.007
N	24896	24896	24896	24896
R^2	0.067	0.071	0.088	0.092
F	38.546***	37.084***	51.682***	49.728***

注：*表示 $p < 0.05$，**表示 $p < 0.01$，***表示 $p < 0.1$，年份和省份已控制。

虽然这四种流动感知的构建均使用了自身目前的等级感知以排除自身等级对流动感知的影响，但是，对于不同等级的民众来说，上升和下降的难度是不一样的。例如，对于认为自身目前等级为 10 的民众来说，未来和子代不可能再上升，只能维持原位或下降了。因此，自身目前等级是否在微观流动感知和公平感间有调节作用？结果发现（见表 9-2-2，模型 2），自身过去流动感知和代际未来流动感知与目前等级间存在显著交互作用。具体表现为（见图 9-2-2），对于自身等级较低的居民，如果认为自己相对五年前有向上流动的话，则其公平感更高；但是子代未来是否能向上流动没有显著影响；对于自身等级较高的居民，相对五年前是否流动对公平感没有显著影响，但是若下一代能继续向上流动的话，其公平感将更高。可见，对于目前主观等级较低的居民，影响公平感更重要的是过去自身的流动感知；而对于目前主观等级较高的居民，影响公平感更重要的是未来子代的流动感知。

第九章
社会流动：提高公平感并增强正向隧道效应

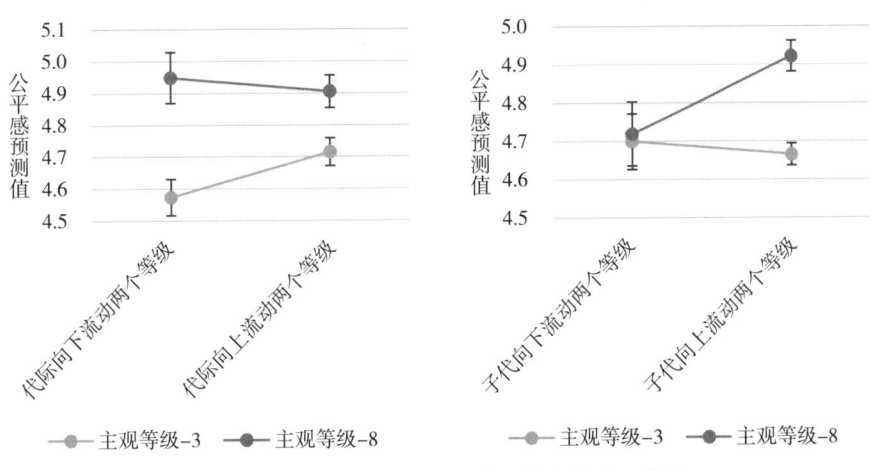

图 9-2-2　微观流动感知和主观等级的交互作用

对于农村居民来说，感到哪种流动性更高，才能使他们更接受不平等？按前面的方法，使用分层线性回归模型，将省份作为层二变量，设定模型在不同微观流动感知上的斜率是随机的。结果发现，四种微观流动感知均与城镇收入份额无显著交互作用（$Bs = -0.407—0.297$, $ps = 0.277—0.606$）。

（三）宏观流动感知与主观等级的相互作用

在三种宏观流动感知方面，哪种更能预测公平感？从结果上来看，三种均能显著预测公平感，但其中向上流动感知的回归系数最大，其对公平感的预测力相对最强（见表 9-2-2，模型 3）。社会固化感知每提高 1 分，公平感将降低 0.014 分；向上流动感知每提高 1 分，公平感提高 0.127 分；但是出人意料地，向下流动感知每提高 1 分，公平感却也会提高 0.031 分。这可能是因为向下流动感知测量的是"富人失去一切变成穷人"的可能性，对于被调查者来说他们可能不会把这种向下流动感知当成自身向下流动的可能性，而是富人会下降，自己可能有更多机会，因此向下流动感知越高，反而公平感越高。

然而，将主观地位认同与三种宏观流动感知建立交互作用后发现（见表 9-2-2，模型 4），仅向上流动感知与主观地位认同有显著交互作用。具体表现为（见图9-2-3），对于主观等级较低的居民，向上流动感知对其公平感的提升作用更大。向下流动感知与主观地位认同没有显著交互作用，可能是因为在样本中认为自己主观等级高的比例较低，等级在8以上的仅占6.65%。2019年CSMS询问了被调查者认为自己是否属于穷人或富人。其中，认为自己属于穷人的有5189人（56.03%），认为自己属于富人的仅有585人（6.32%），选择说不清的有3487人（37.65%）。仅分析穷人认同和富人认同的群体发现，对于认为自己是穷人的群体来说，向下流动感知能正向显著预测他们的公平感（$B = 0.038, p = 0.021$），而对于认为自己是富人的群体来说，向下流动感知不再能显著预测他们的公平感（$B = 0.062, p = 0.224$）。可见，这证明了前面的推断，富人的向下流动感知对于主观地位认同较低的大多数调查者来说，意味着较高的社会流动，故可以提高他们的公平感。

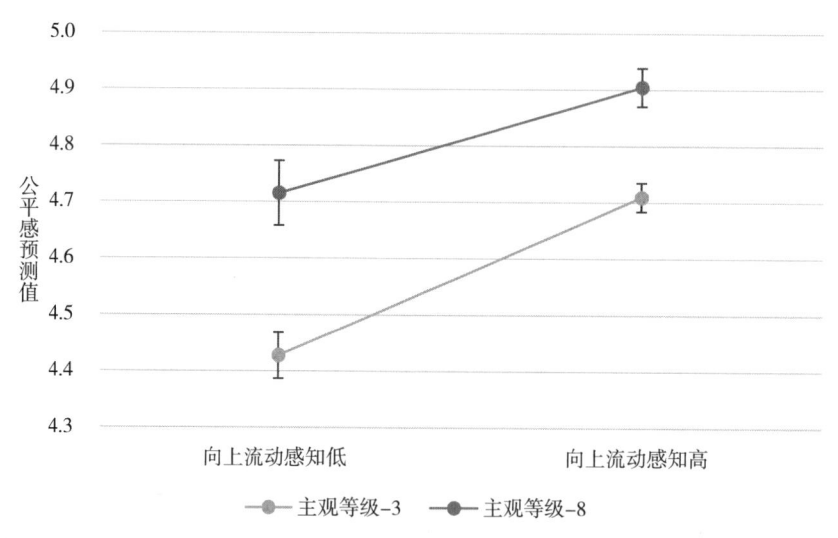

图9-2-3 宏观流动感知和主观等级的交互作用

最后，同样使用分层线性回归模型，检验宏观流动感知和城镇收入份额对农村居民公平感的交互作用。结果发现，社会固化感知（$B = 0.129, p = 0.784$）和向下流动感知（$B = -0.110, p = 0.793$）与城镇收入份额均无显著交互作用，只有向上流动感知与城镇收入份额的交互作用在0.10水平上

第九章
社会流动：提高公平感并增强正向隧道效应

显著，而在 0.05 水平上不显著（$B = 0.827, p = 0.075$）。具体表现为（见图 9-2-4），当向上流动感知较高时，城镇收入份额对农村居民公平感的降低作用变小，正向隧道效应更明显。

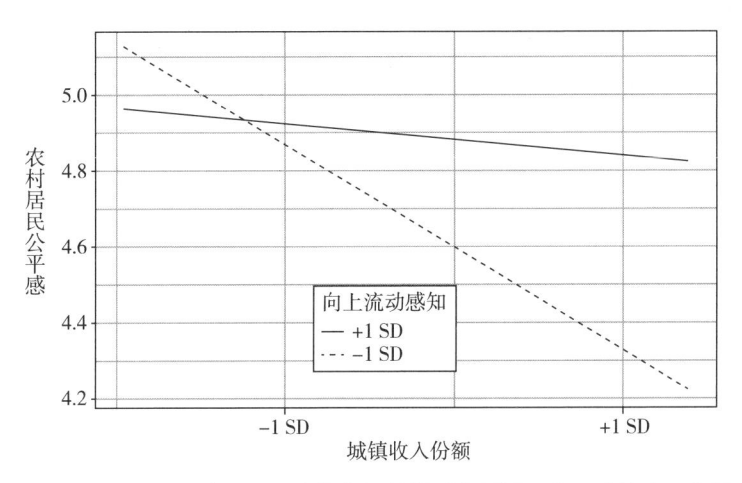

图 9-2-4　向上流动感知和城镇收入份额对农村居民公平感的交互作用

本章小结

本章分析了客观的代际教育和职业流动，以及主观的微观和宏观流动感知对公平感的影响。结果发现，总体而言，近些年我国民众的客观社会流动和主观社会流动均有所上升，且两者均能显著预测公平感。只是对于目前主观等级较低的居民而言，影响公平感更重要的是过去自身的流动感知；而对于目前主观等级较高的居民来说，影响公平感更重要的是未来子代的流动感知。

对于农村居民而言，代际教育向上流动程度更高，或父亲是蓝领自己是白领，或向上宏观流动感知较高的个体，更能接纳不平等，城镇收入份额更高时，农村居民的公平感反而更高，体现出更强的正向隧道效应。可见，社会流动不仅能提高公平感，还能使得低社会经济地位群体更接纳不平等。保障社会的流动畅通性，是维持高公平感的一个重要方式。

第十章 文化价值观变迁：市场化改革背景下的公平感

文化价值观的变迁将可能通过影响人们的心理过程来影响公平感，但是影响文化价值观变迁的因素有很多，本章主要探讨的是市场化假设。通过梳理前人研究可认为市场化改革似乎对公平感有两方面的影响，一是它将通过影响社会不平等来影响公平感，二是它将通过影响民众的价值观来影响公平感。本章分析了这两个观点。第一节是关于市场化改革与不平等的关系，第二节、第三节分别从归因和公平观的角度，分析了市场化改革对公平感的直接作用，及其通过归因和公平观两种价值观的间接作用。

一 市场化改革与社会平等

1978年中国改革开放以来，一方面社会经济飞速发展，另一方面社会不平等也有所上升。在改革开放之前，由于物资的较为匮乏，中国的收入不平等程度很低。根据一些经济学家的估算，中国在1978年城镇居民收入的基尼系数约为0.16，农村约为0.23，合并城乡以后的基尼系数也仅约为0.3（李实、朱梦冰，2018）。但是，随着经济改革的不断深入，收入分配的不平等程度也有所增加。

本研究使用樊纲等计算的中国各省的市场化指数（樊纲等，2011）。这套指数综合考虑了"政府与市场关系""非国有经济发展""产品市场发育程度""要素市场发育程度""市场中介组织发育和法制环境"五个方面，并通过14个一级分项指标和18个二级分项指标计算得到。总体来说，该指数的权威性较强，并在以往的研究中被广泛使用（贺光烨、吴晓刚，2015）。结果显示（见图10-1-1），各省平均市场化指数于2010—2017年逐年上升，从6.00分上升到8.47分。但是，2010—2017年，市场化指数虽然在上升，基尼系数却有所下降。分省的结果也发现，2010—2017年间，市场化指数和基尼系数呈负相关（$r = -0.277, p < 0.001$）。

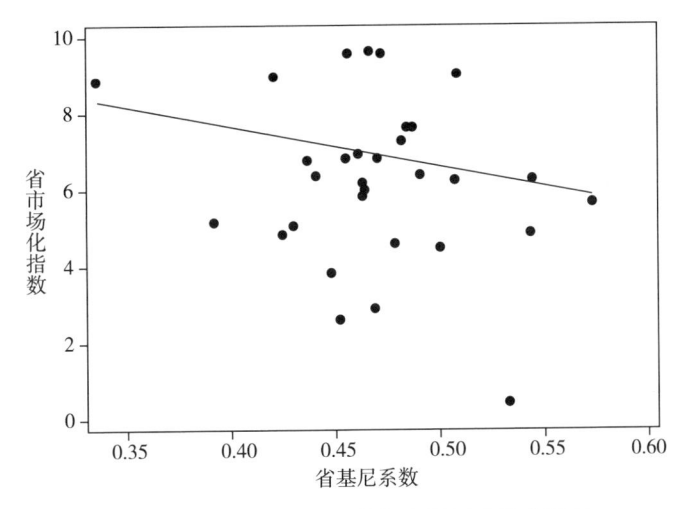

图10-1-1 省市场化指数与省基尼系数的关系

因此，虽然我国市场化改革后有一段时间市场化指数与经济不平等同时增长，但并不代表两者是同步的关系。市场化与不平等间所呈现的关系，有可能是因为它们同时受到经济发展的影响。在前期，市场化促进了经济增长，而初期的经济增长又提高了社会不平等程度；当经济发展到一定程度后，虽然市场化还在继续，但经济的发展开始更重视分配公平，降低了不平等。党的十六大以前，中国分配政策中基本上都是效率优先，尽管党的十四大报告中提到"兼顾效率与公平"也是将效率放置于公平之前。党的十七大报告中，首次提出初次分配和再次分配都要处理好效率与公平的关系，再次分配要更注重公平；并明确指出要"创造机会公平，整顿分配秩序，逐步扭转收入分配差距扩大趋势"。党的十九大报告指出，"我国社会主要矛盾已经转化为人民日益增长的美好生活需要和不平衡不充分的发展之间的矛盾"。习近平总书记则多次强调要实现全体人民共同富裕。可见，中国近年来的发展战略由注重效率转为注重公平。

故而，许琪等人研究发现，市场化改革增加了中国地区之间发展的不平衡，影响了民众的公平感（许琪等，2020）。其结论前提是不太能站住脚的，其中一个原因是，他们分析时用于测量公平感的题目是"应该是从有钱人那里征收更多的税来帮助穷人"和"现在有的人挣得多，有的人挣得少，但这是公平的"等，与其说测量的是公平感，不如说是公平观。而市场化更可能影响民众的公平观，进而影响公平感。这是本章第二节和第三节将重点分析的内容。

二 市场化改革、归因和公平感

（一）市场化改革和归因的关系

受到数据的限制，本研究仅采用了 CGSS 2010 年的数据，分析了市场化改革和归因的关系。此处的归因主要指的是对不平等的归因，选取了 CGSS 中有关归因的四个题目，将它们分为了个人归因和社会归因，个人归因包括"社会不平等主要是个人天生的能力造成的"和"脱贫是穷人自己的责任"，社会归因包括"社会不平等主要是由一小部分掌权者的控制、操纵造成的"和"政府能通过收税与支出来减少贫富差距"。被调查者从 1 级至 5 级进行选择，1 = 完全不同意，5 = 完全同意。从表 10-2-1 可以看到，民众较不同意不平等是个人造成的，而更同意不平等与社会有关。根据市场化假设，市场化将使人们更倾向于进行内归因，那么，市场化程度更高的省份，其民众是否更倾向于对不平等进行个人归因呢？

表 10-2-1　　　　　　　　归因的选项比例　　　　　　　　（单位：%）

选项	个人归因		社会归因	
	社会不平等主要是个人天生的能力造成的	脱贫是穷人自己的责任	社会不平等主要是由一小部分掌权者的控制、操纵造成的	政府能通过收税与支出来缩小贫富差距
完全不同意	18.2	18.6	4.5	4.2
比较不同意	39.2	38.6	18.4	13.5
中立	17.1	10.8	24.2	20.5
比较同意	20.4	23.2	37.5	46.2
完全同意	5.1	9.0	15.4	15.6

将社会归因反向计分后，计算四个题目的均分，生成个人归因指标，表示民众对不平等进行个人归因的程度。如表 10-2-1 所示，中国民众的社会归因倾向高于个人归因。因为市场化程度是省级指标，故采用分层线性模型，将省级作为层二变量。结果发现（见表 10-2-2），在控制变量前后（控制变量为性别、年龄、民族、宗教、受教育年限、家庭人均年收入、政治面貌、健康状况、婚姻状况、工作状况、户口和居住地），省市场化程度对个人归因是负向预测作用，并没有证实市场化假设，反而市场化程度越高的省份，民众更不倾向于进行个人归因。分城乡样本的分析显示，省市场化程度仅能负向预测城镇居民的个人归因倾向，而不能显著预测农村居民的归因倾向。那么这种归因倾向对民众公平感有什么影响？是否个人归因取向的民众更能接受不平等，从而公平感更高？因而市场化改革会降低公平感？

表 10-2-2　　　　市场化对个人归因的预测作用（CGSS 2010）

变量	参照变量	模型 1	模型 2	模型 3（农村）	模型 4（城镇）
常数		2.813***	2.917***	2.802***	2.845***
男性	女性		−0.012	−0.011	−0.016
年龄			0.004	0.036***	−0.020**
年龄的平方			−0.008**	−0.007	−0.012**

续表

变量	参照变量	模型1	模型2	模型3（农村）	模型4（城镇）
汉族	少数民族		−0.009	0.013	−0.016
有宗教信仰	无		0.002	0.014	−0.015
受教育年限			−0.018***	−0.014***	−0.021***
家庭人均年收入（对数）			0.008	−0.003	0.014*
党员	非党员		−0.005	−0.042	0.017
健康状况			0.012*	0.008	0.020**
在婚姻状况	未在婚姻状况		−0.053***	−0.043	−0.044*
务农	无工作		0.074***	0.044	0.053
非农工作	无工作		0.030*	−0.003	0.018
非农户口	农业户口		−0.099***	−0.059	−0.096***
居民户口	农业户口		−0.067*	−0.266	−0.052
城镇	农村		−0.016		
省市场化指数		−0.044***	−0.038***	−0.005	−0.036**
N		10731	9384	3790	5594

注：* 表示 $p<0.05$，** 表示 $p<0.01$，*** 表示 $p<0.001$；本表为固定效应的结果，层二为省份。

（二）个人归因对公平感的影响

首先，本研究分析了归因取向对公平感的影响，结果发现（见表10-2-3），在控制变量前后（控制变量为性别、年龄、民族、宗教、受教育年限、家庭人均年收入、政治面貌、健康状况、婚姻状况、工作状况、户口和居住地），个人归因取向能显著正向预测公平感，证实了越倾向于将不平等归因于个人的民众，公平感越高。并且当进一步控制了省级变量，结果仍然是显著的。而市场化与公平感的结果也发现，省市场化程度越高，其所在地区民众的公平感显著越低，个人归因在其中起到间接中介作用，中介效应占总效应的15.5%。分城乡样本的结果发现，个人归因均能显著正向预测城乡居民的公平感，但是市场化仅能负向预测城镇居民的个人归因和公平感,却对农村居民的个人归因和公平感没有显著作用。也即,市场化仅能通过个人归因负向影响城镇居民的公平感。那么,更关键的问题还是回到了为什么市场化反而会导致城镇居民更不倾向于进行个人归因?一个推测是像谢宇和何蓉梳理的那样,认为中国传统的等级制,使得人们更偏向于接受等级秩序和差异,从而更能接受不平等,但是市场化改革,却使人们的公平观开始更偏向于平均,故而更不能接受不平等,从而希望社会来解决不平等问题(谢宇,2010;何蓉,2014)。

表 10-2-3　市场化通过个人归因影响公平感的中介分析结果

样本	路径	系数	p 值	中介效应占比
总样本	市场化→公平感(总效应)	−0.054	0.020	15.5%
	市场化→公平感(直接效应)	−0.052	0.020	
	市场化→个人归因	−0.038	0.007	
	个人归因→公平感	0.220	0.000	
农村样本	市场化→公平感(总效应)	−0.047	0.133	/
	市场化→公平感(直接效应)	−0.045	0.146	
	市场化→个人归因	−0.005	0.809	
	个人归因→公平感	0.189	0.000	
城镇样本	市场化→公平感(总效应)	−0.046	0.051	18.8%
	市场化→公平感(直接效应)	−0.044	0.055	
	市场化→个人归因	−0.036	0.012	
	个人归因→公平感	0.240	0.000	

注:本表为固定效应的结果,层二为省份。

三　市场化改革、公平观和公平感

(一)市场化改革和公平观的关系

受到数据限制,本节难以对公平观的变迁进行研究,因而仅使用了 CGSS 2015 年的数据。其中有两道题目与公平观有关,"应该从有钱人那里征收更多的税来帮助穷人"代表的是再分配的偏好,"现在有的人挣得多,有的人挣得少,但这是公平的"代表的是对公平的接纳度。但是,CGSS有一个十年回顾模块,CGSS 2015年这两道题在CGSS 2005年中也进行了测量,许琪等使用这两道题代表结果公平感(许琪等,2020),分析了市场化改革对公平感的影响,但是如前文所述,笔者认为这两道题测量的更偏重于公平观,而非公平感。通过此十年回顾模块,可以对公平观的变迁窥见一二。比如许琪等的研究发现(见表10-3-1),民众认为应该从有钱人那里多征税来帮助穷人(题1)的百分比从2005年的84.4%下降到2015年的70.9%;而认为有人挣得多有人挣得少是公平的(题2)的百分比从2005年的61.4%提高到2015年的66.6%(许琪等,2020)。他们认为这反映了中国民众的结果公平感在十年间均有明显提升。然而,笔者认为题1反映的是人们更不倾向于再分配,题2反映的是人们对不公平的接纳度更高,因此,这两题其实都表明的是人们对不平等更能接受了。虽然更接受不平等可能与公平感有关,但两者是有本质区别的。

表10-3-1 公平观的十年变迁(CGSS 2005年和CGSS 2015年) (单位:%,人)

	题1		题2	
	2005年	2015年	2005年	2015年
非常不同意	0.6	1.1	5.6	3.7
不同意	6.7	14.0	19.9	19.6
无所谓	8.3	14.0	13.1	10.1
同意	47.2	52.4	45.9	55.8
非常同意	37.2	18.5	15.5	10.8
样本量	9441	9791	9441	9791

资料来源:参见许琪、贺光烨、胡杰《市场化与中国民众社会公平感的变迁:2005—2015》,《社会》2020年第3期。

市场化改革与公平观的关系如何?将题1反向计分后,计算两个题目的均分,得到公平观指标,其值越高,代表人们对不平等的接纳度越高。采用分层线性模型,将省级作为层二变量,结果发现(见表10-3-2),在

第十章 文化价值观变迁：市场化改革背景下的公平感

控制变量前后（控制变量为性别、年龄、民族、宗教、受教育年限、家庭人均年收入、政治面貌、健康状况、婚姻状况、工作状况、户口和居住地），省市场化程度对公平观均无显著预测作用。分城乡样本的分析显示，省市场化程度也均不能显著预测城乡居民的公平观，市场化假设并没有得到证实。因而，以下仅分别分析了市场化改革和公平观对公平感的影响，而没有考察公平观的中介效应。

表 10-3-2　　市场化对公平观的预测作用（CGSS 2015 年）

变量	参照变量	模型 1	模型 2	模型 3（农村）	模型 4（城镇）
常数		2.938***	2.674***	2.689***	2.574***
男性	女性		0.008	0.015	0.004
年龄			−0.042***	−0.030***	−0.049***
年龄的平方			0.024***	0.018***	0.027***
汉族	少数民族		0.011	0.006	0.015
有宗教信仰	无		−0.005	−0.032	0.007
受教育年限			0	0.002	−0.001
家庭人均年收入（对数）			0.008	0.008	0.010
党员	非党员		0.064**	0.134**	0.046
健康状况			0.040***	0.026**	0.053***
在婚	非在婚		0.036	−0.016	0.066**
务农	无工作		−0.032	−0.061**	−0.011
非农工作	无工作		−0.016	−0.091***	0
非农户口	农业户口		−0.049**	−0.016	−0.044
居民户口（以前非农户口）	农业户口		−0.060*	−0.225*	−0.047
居民户口（以前农业户口）	农业户口		0.051	0.106	0.041
城镇	农村		−0.026		
省市场化指数		−0.011	−0.013	0.004	−0.016
N		9422	8448	3511	4937

注：* 表示 $p < 0.05$，** 表示 $p < 0.01$，*** 表示 $p < 0.001$；本表为固定效应的结果，层二为省份。

（二）公平观对公平感的影响

在前述结果中（见表 10-3-2），控制变量前后（控制变量为性别、年龄、民族、宗教、受教育年限、家庭人均年收入、政治面貌、健康状况、婚姻状况、工作状况、户口和居住地），省市场化程度对城乡居民的公平观均没有显著预测作用。然而，对不平等的接纳度越高的个体，公平感越高，哪怕是进一步控制了省级变量后的结果仍然如此，且分城乡样本的分析表明，对不平等的接纳度越高，城乡居民的公平感也都越高（见表 10-3-3）。可见公平观会影响公平感，但市场化不会影响公平观。

表 10-3-3　　　　　公平观对公平感的预测作用（CGSS 2015 年）

变量	参照变量	模型 1	模型 2	模型 3	模型 4（农村）	模型 5（城镇）
常数		2.358***	1.975***	1.941***	2.376***	1.557***
省份				已控制	已控制	已控制
男性	女性		0.006	0.004	0.058*	-0.029
年龄			0.100***	0.098***	0.132***	0.076***
年龄的平方			0.031***	0.032***	0.015	0.041***
汉族	少数民族		-0.139***	-0.129***	-0.158**	-0.096
有宗教信仰	无		-0.060	-0.017	-0.118*	0.049
受教育年限			0.005	0.006*	0.001	0.008*
家庭人均年收入（对数）			0.030***	0.032***	0.018	0.047***
党员	非党员		0.008	0.017	-0.003	0.014
健康状况			0.065***	0.064***	0.086***	0.053***
在婚	非在婚		-0.004	0.010	-0.023	0.038
务农	无工作		0.044	0.013	-0.061	0.029
非农工作	无工作		-0.019	-0.007	-0.063	0.001
非农户口	农业户口		0.032	0.023	0.068	0.018
居民户口（以前非农户口）	农业户口		-0.055	-0.017	-0.016	-0.007

第十章
文化价值观变迁：市场化改革背景下的公平感

续表

变量	参照变量	模型1	模型2	模型3	模型4（农村）	模型5（城镇）
居民户口（以前农业户口）	农业户口		0.026	0.065	0.061	0.080
城镇	农村		−0.184***	−0.159***		
对不平等的接纳度		0.276***	0.277***	0.263***	0.240***	0.273***
N		9370	8409	8409	3493	4916
R^2		0.039	0.068	0.086	0.095	0.083
F		329.490***	35.240***	18.070***	8.950***	10.670***

注：*表示 $p<0.05$，**表示 $p<0.01$，***表示 $p<0.001$。

本章小结

本章分析了市场化改革是否会通过影响价值观来影响公平感。结果发现，价值观对民众的公平感有显著影响，更倾向于进行个人归因，或对不平等接纳度越高的民众，公平感越高。心理过程论得到了证实，然而市场化假设并没有得到证实，一方面市场化并不一定会导致经济不平等；另一方面市场化也不一定会影响个人归因或对不平等的接纳度，并且市场化对公平感的预测作用也较弱。可见，市场化改革或许并不是带来民众价值观变迁的一个主要原因，民众的价值观为何会发生变化，可能需要考虑更多其他原因，以及这些原因的交互作用。但是从价值观的角度，我们是否要引导民众持有更加个人的归因或更加接纳不平等的价值观，是值得商榷的。笔者认为相对于从价值观入手，不如从建立更为公平公正的社会入手。

第十一章　如何持续提高民众公平感？

　　平等与公平问题的讨论由来已久，但是不平等却不一定让人感到不公平；相比高社会经济地位群体，低社会经济地位群体也不一定感到更不公平。本书主要使用 CGSS 2010—2021 年的数据，并结合了 CSMS 数据，梳理了以往对于平等、公平、公平感的概念辨析，公平感的相关研究和理论阐释，采用社会变迁的视角，在社会心理学科的框架下，分析了中国民众公平感的变迁及群体差异，发现近些年民众公平感整体不断提升并从社会经济发展、结构替换、政策改革、比较扩大、社会流动和价值观六个社会变迁方面进行了机制分析。根据本书的主要结果，针对如何持续提高中国民众的公平感，笔者提出以下四点对策建议。

　　第一，在稳经济的基础上，保持经济增长在合理区间。本书对隧道效应进行了扩展，其研究结果说明，较高的经济增速不仅可以带来民众生活水平的提升，它还是社会心态的缓冲剂，提高了民众对于不平等的接纳度。然而，当经济发展到一定程度时，经济增速有所下降可能是不可避免的。近几年，全球经济形势都不景气，但是 2020 年时中国民众的公平感仍略有上升，这可能与 2020 年中国是全球主要经济体中唯一实现 GDP 正增长的国家有关（张衍，2021）。因此，稳经济可能是首要的，在此基础上，通过产业转型升级、扩大内需等方式保持经济增长在合理区间，则将更有利于维持民众积极的社会心态和社会稳定。

　　第二，在经济增速调整时，应格外关注社会不平等，保障社会公平。多种因素的分析结果都表明，当经济增速低时，不同群体间的竞争关系会更为明显。因此，在中国经济已经发展到一定程度，从高速度增长阶段转型到高质量发展阶段的现在，应更为关注群体间的平等和公平问题。以城乡差距为例，精准扶贫减少了农村贫困人口，1978—2015年，农村贫困人口大幅度减少，从7.7亿人减少到0.56亿人，2020年实现全面脱贫。但是，城乡在养老、医疗和低保等方面的福利待遇上仍存在较大差异（王美艳、蔡昉，2008）。杨桂宏和熊煜认为，"双轨制"养老保险会降低社会公平感（杨桂宏、熊煜，2014）。雷咸胜发现，在城乡医疗资源配置不均衡的背景下，城乡居民医保的初步整合也难以提升参保居民的公平感，反而降低了农村参保居民的公平感，需要城乡医疗资源均衡配置与城乡医保制度融合发展的协同推进（雷咸胜，2020）。教育、医疗和养老保险的福利差异也进一步导致城乡人力资本投资的差异，仅教育水平差异对中国城乡收入差异贡献程度就达到35%左右（康锋莉，2018）。可见，除了收入差距外，城乡在社会保障、公共服务等方面的差距，也可能是未来影响农村居民公平感的不可忽视的风险因素。

而在缩小收入差距方面，本书发现扩大中等收入群体不仅是缩小客观收入差距的主要路径之一，当经济发展到了一定程度后，扩大中等收入群体将对公平感起到主要促进作用。根据本书的测度，我国中等收入群体规模约在40%，离"橄榄形"结构的60%比重还有一定距离，未来应进一步扩大中等收入群体。此外，还应关注性别、教育、职业、户口等其他"车道"或群体间的差距。"我国社会历来有'不患寡而患不均'的观念。我们要在不断发展的基础上尽量把促进社会公平正义的事情做好，既尽力而为，又量力而行，努力使全体人民在学有所教、劳有所得、病有所医、老有所养、住有所居上持续取得新进展"（习近平，2014）。如何正确处理公平与效率的关系既是机遇，也是我们国富民强、实现中华民族伟大复兴中国梦必须重视和处理好的挑战。

第三，促进高社会经济地位群体对低社会经济地位群体的关怀，发挥好慈善等第三次分配的作用。本书的几个研究都发现，低社会经济地位群体瞻前，他们的公平感受到快车道"车速"的影响，但是社会经济地位群体层却不够顾后,他们的公平感主要受经济发展水平的影响。也就是说,高社会经济地位群体不太会与低社会经济地位群体去比较。在现实中,一些富人并不在意穷人过得怎么样,何不食肉糜的现象时有发生。夸特认为,在西方社会,人们看到的多是社会上高收入,甚至是极高收入群体的生活,炫富式的照片和视频充斥着社交媒体,制造着社会焦虑(阿莉莎·夸特,2021)。保障社会公平,应发挥起高社会经济地位群体的力量,引导他们关注关怀低社会经济地位群体,积极参与到公益慈善事业之中,发挥好第三次分配的作用。第三次分配和公益慈善事业是收入分配调节、促进共同富裕的重要手段和国家治理体系和治理能力现代化的重要内容(王春光,2022)。

第四,提高社会流动性,实现发展成果全民共享。本书中,社会流动能提高公平感。尽管本书的研究发现民众的社会流动感知有所上升,但也应注意到,近期"打工人""内卷"等词相继成为流行语。王俊秀认为之所以这些词得到流传,是因为它们所描述的社会现象引起了人们的共鸣,是人们对资源有限而竞争激烈的升学、求职、晋升、婚恋等与个人社会地位上升有关的经验(王俊秀,2021)。尽管自我的提高不一定带来地位的上升,但在周围人都努力完善自我的情况下被动选择"内卷"而努力避免自己下沉成为多数人的生活策略。因此,须进一步打通流动渠道,消解阶层固化的风险因素,提高社会流动性。习近平总书记指出,防止社会阶层固化,畅通向上流动通道,给更多人创造致富机会,形成人人参与的发展环境,避免"内卷""躺平"。近些年国家出台了一系列指向社会公平的政策,覆盖乡村振兴、教育领域、医疗反腐、税收改革等,让人们看到国家对社会公平的调控。本书的结果反映,社会政策改革能提高其惠及群体的公平感,因此,如何把控这些政策的有效性,扩大政策惠及群体范围,实现全民共享发展成果,是一个需重点考虑的问题。

总的来说,共同富裕政策应是一个可以防止正向隧道效应到负向隧道效应的"安全阀"。在2018年和2021年两次调查期间,城乡居民的公平感无差别地不断上升,以及城镇收入份额对农村居民公平感影响的负向隧道效应的消失，就可能与我国脱贫攻坚取得全面胜利、全面实现小康社会和共同富裕政策的有力推进有关。习近平总书记多次强调，实现共同富裕是社会主义制度的本质要求，是关系党的执政基础的重大政治问题。共同富裕不是少数人的富裕，而是全体人民的富裕；不是整齐划一的平均主义，而是分阶段促进共同富裕，贫富差距在一定程度上是一直存在的，因此，共同富裕的推进一定要关注社会心态，在尽力缩小贫富差距的同时，满足不同群体的公平需要和美好生活需要，这将关系到各类群体的公平感和社会稳定，避免"拉美城市化教训"。

参考文献

一 主要中文文献

阿莉莎·夸特，2021，《夹缝生存：不堪重负的中产家庭》，黄孟邻译，海南出版社。

彼得·什托姆普卡，2011，《社会变迁的社会学》，林聚任等译，北京大学出版社。

陈文胜，2019，《城镇化进程中乡村文化观念的变迁》，《湘潭大学学报》（哲学社会科学版）第4期。

戴维·米勒，2005，《社会正义原则》，应奇译，江苏人民出版社。

刁鹏飞，2012，《城乡居民的公平意识与阶层认同——基于中国社会状况综合调查数据的初步报告》，《江苏社会科学》第4期。

杜静元，2014，《探析"隧道效应"在社会治理中的应用》，《城市观察》第4期。

樊纲、王小鲁、朱恒鹏，2011，《中国市场化指数：各地区市场化相对进程2011年报告》，北京：经济科学出版社。

方长春，2017，《收入不平等的公众感知与态度：国际比较视野下的中国》，《吉林大学社会科学学报》第1期。

冯仕政、李春鹤，2022，《中等收入陷阱：社会转型与社会治理》，《中央民族大学学报》（哲学社会科学版）第2期。

高海燕、王鹏、谭康荣，2022，《中国民众社会价值观的变迁及其影响因素——基于年龄—时期—队列效应分析》，《社会学研究》第 1 期。

高文珺，2020，《社会公平感现状及影响因素研究》，《广西师范大学学报》（哲学社会科学版）第 5 期。

郭秀艳等，2017，《不公平感及相关决策的认知神经机制》，《心理科学进展》第 6 期。

郭永玉、杨沈龙、李静、胡小勇，2015，《社会阶层心理学视角下的公平研究》，《心理科学进展》第 8 期。

何蓉，2014，《中国历史上的"均"与社会正义观》，《社会学研究》第 5 期。

何晓斌、柳建坤、张云亮，2020，《医生信任的城乡差异及其形成机制——基于公平感视角的实证分析》，《西安交通大学学报》（社会科学版）第 6 期。

贺光烨、吴晓刚，2015，《市场化、经济发展与中国城市中的性别收入不平等》，《社会学研究》第 1 期。

胡爱莲，2008，《对我国经济市场化的思考》，《江苏商论》第 26 期。

胡小勇、郭永玉、李静、杨沈龙，2016，《社会公平感对不同阶层目标达成的影响及其过程》，《心理学报》第 3 期。

胡泳，2015，《新词探讨：回声室效应》，《新闻与传播研究》第 6 期。

怀默霆，2009，《中国民众如何看待当前的社会不平等》，《社会学研究》第 1 期。

黄天弘，2020，《城乡融合发展视域下户籍制度改革与农民职业分化互动探析》，《中州学刊》第 9 期。

黄祖辉、朋文欢，2016，《对"Easterlin 悖论"的解读——基于农民工的视角》，《浙江大学学报》（人文社会科学版）第 4 期。

杰弗里·M.伍德里奇，2018，《计量经济学导论：现代观点》（第 6 版），张成思译，中国人民大学出版社。

景天魁，2006，《社会保障：公平社会的基础》，《中国社会科学院研究生院学报》第 6 期。

康锋莉，2018，《城镇化、多维贫困与收入不平等》，《求是学刊》第4期。

雷咸胜，2020，《城乡居民医保制度整合提升了农村参保居民的公平感吗？》，《中国卫生政策研究》第1期。

李春玲，2010，《高等教育扩招与教育机会不平等——高校扩招的平等化效应考查》，《社会学研究》第3期。

李汉林，2018，《放大"隧道效应"抑制"马太效应"》，《经济日报》2016年1月28日。

李金昌、任志远，2023，《共同富裕背景下中等收入群体的界定标准与合理规模研究》，《统计与信息论坛》第2期。

李骏、吴晓刚，2012，《收入不平等与公平分配对转型时期中国城镇居民公平观的一项实证分析》，《中国社会科学》第3期。

李路路、石磊，2017，《经济增长与幸福感——解析伊斯特林悖论的形成机制》，《社会学研究》第3期。

李路路、石磊、朱斌，2018，《固化还是流动？——当代中国阶层结构变迁四十年》，《社会学研究》第6期。

李路路、唐丽娜、秦广强，2012，《"患不均，更患不公"——转型期的"公平感"与"冲突感"》，《中国人民大学学报》第4期。

李路路、王元超，2020，《中国的社会态度变迁：总体倾向和影响机制（2005-2015）》，《开放时代》第6期。

李培林，2017a，《中国跨越"双重中等收入陷阱"的路径选择》，《劳动经济研究》第1期。

李培林，2017b，《改革开放近40年来我国阶级阶层结构的变动、问题和对策》，《中共中央党校学报》第6期。

李培林，2020，《我国改革开放以来社会平等与公正的变化》，《东岳论丛》第41卷第9期。

李培林、崔岩，2020，《我国2008—2019年间社会阶层结构的变化及其经济社会影响》，《江苏社会科学》第4期。

李实、朱梦冰，2018，《中国经济转型40年中居民收入差距的变动》，《管理世界》第12期。

李炜，2019，《社会公平感：结构与变动趋势（2006—2017年）》，《华中科技大学学报》（社会科学版）第6期。

李绚，2010，《城市化进程中农村养老问题探析》，《农业经济》第9期。

李迎生，2019，《中国社会政策改革创新的价值基础——社会公平与社会政策》，《社会科学》第3期。

李莹、吕光明，2019，《收入公平感、流动性预期与再分配偏好——来自CGSS 2013的经验证据》，《财贸经济》第4期。

李颖晖，2015，《教育程度与分配公平感：结构地位与相对剥夺视角下的双重考察》，《社会》第1期。

醴陵市档案史志局，2013，《醴陵年鉴》，北京：方志出版社。

栗治强、王毅杰，2014，《转型期中国民众公平感的影响因素分析》，《学术论坛》第8期。

梁军、李书轩、从振楠，2020，《教育对个体公平观的影响研究——基于起点公平、过程公平、结果公平三重维度的探讨》，《西北人口》第5期。

凌巍、刘超，2018，《收入不平等对居民社会公平感的影响及其机制研究——基于CGSS 2013微观调查数据的实证分析》，《统计与管理》第6期。

刘军强、熊谋林、苏阳，2012，《经济增长时期的国民幸福感——基于CGSS数据的追踪研究》，《中国社会科学》第12期。

刘梦，2019，《我国社会保障参与行为维度下社会公平感知影响分析——基于CGSS（2015）调查数据的logistic分析》，《沧州师范学院学报》第2期。

刘维涛，2013，《城镇化要走公平可持续新路——访全国政协委员、中国（海南）改革发展研究院院长迟福林》，《人民日报》1月23日。

刘夏阳，2016，《高度重视新型城镇化进程中的公平正义》，《现代经济探讨》第 3 期。

刘欣、胡安宁，2016，《中国公众的收入公平感：一种新制度主义社会学的解释》，《社会》第 4 期。

刘欣、胡安宁，2023，《共同富裕愿景下的幸福感提升：双重公平论的视角》，《社会学研究》第 1 期。

刘亚、龙立荣、李晔，2003，《组织公平感对组织效果变量的影响》，《管理世界》第 3 期。

马海燕，2014，《城镇化背景下农村养老模式的现状与前瞻》，《北京政法职业学院学报》第 3 期。

马磊、刘欣，2010，《中国城市居民的分配公平感研究》，《社会学研究》第 5 期。

梅正午、孙玉栋，2020，《财政透明度与公民社会公平感知》，《江汉学术》第 3 期。

孟天广，2012，《转型期中国公众的分配公平感：结果公平与机会公平》，《社会》第 6 期。

任勤、黄洁，2015，《社会养老对老年人健康影响的实证分析——基于城乡差异的视角》，《财经科学》第 3 期。

隋杨、王辉、岳旖旎、Fred Luthans，2012，《变革型领导对员工绩效和满意度的影响：心理资本的中介作用及程序公平的调节作用》，《心理学报》第 9 期。

孙百才、刘云鹏，2014，《中国地区间与性别间的教育公平测度：2002-2012 年——基于人口受教育年限的基尼系数分析》，《清华大学教育研究》第 3 期。

孙薇薇、朱晓宇，2018，《地位、相对剥夺与归因：教育年限对分配公平感的影响机制》，《社会学评论》第 3 期。

田北海、安宝龙，2019，《不患贫而患无助：城乡困难居民社会公平感的影响研究》，《华中农业大学学报》（社会科学版）第 1 期。

田志鹏，2020，《少数民族教育获得与就业公平感的分析——基于

2017年和2019年中国社会状况综合调查数据》,《民族教育研究》第5期。

托马斯·皮凯蒂,2014,《21世纪资本论》,中信出版社。

王春光主编,2022,《晋江经验——中国式现代化道路的县域探索》,福建人民出版社。

王春光,2003,《中国职业流动中的社会不平等问题研究》,《中国人口科学》第2期。

王菲,2013,《收入不平等与公平分配影响因素分析——基于CGSS 2010年调查数据》,《山东省农业管理干部学院学报》第30卷第4期。

王俊秀,2021,《"冷词热传"反映的社会心态及内在逻辑》,《人民论坛》第15期。

王俊秀、刘洋洋,2023,《"寡"与"均"阶段性变动下中国居民公平感的变迁》,《心理学报》第3期。

王美艳、蔡昉,2008,《户籍制度改革的历程与展望》,《广东社会科学》第6期。

王元腾,2019,《参照群体、相对位置与微观分配公平感——都市户籍移民与流动人口的比较分析》,《社会》第5期。

魏传光,2022,《共同富裕的新时代正义观》,《湖南师范大学社会科学学报》第3期。

魏钦恭,2020,《情境与感知:转型期的收入分配与民众公平感》,中国社会科学出版社。

魏钦恭、张彦、李汉林,2014,《发展进程中的"双重印象":中国城市居民的收入不公平感研究》,《社会发展研究》第3期。

温家宝,2009,《赞同教育资金来源多样化》,中国新闻网,1月4日。

沃尔特·沙伊德尔,2019,《不平等社会——从石器时代到21世纪,人类如何应对不平等》,颜鹏飞等译,中信出版社。

吴菲,2019,《幸福感三问:来自中国的经验发现与机制解释》,社会科学文献出版社。

吴忠民,2005,《中国社会公正的现状与趋势》,《江海学刊》第2期。

习近平，2014，《切实把思想统一到党的十八届三中全会精神上来》，《求是》第 1 期。

谢宇，2010，《认识中国的不平等》，《社会》第 30 卷第 3 期。

徐飞，2022，《公平正义原则下共同富裕的核心要义》，《人民论坛·学术前沿》第 10 期。

许琪、贺光烨、胡洁，2020，《市场化与中国民众社会公平感的变迁：2005-2015》，《社会》第 40 卷第 3 期。

薛洁，2007，《关注公民公平感——我国部分公民公平感调查报告》，《吉林大学社会科学学报》第 5 期。

亚当斯、罗森鲍姆，1984，《工人关于工资不公平的内心冲突同其生产率的关系》，薛华等译，中国社会科学出版社。

阎云翔，2012，《中国社会的个体化》，陆洋等译，上海：上海译文出版社。

杨桂宏、熊煜，2014，《论"双轨制"养老保险制度对民众公平感的影响——基于 2008 中国综合社会调查（CGSS）的实证分析》，《北京工业大学学报》（社会科学版）第 1 期。

杨立雄，2022，《概念内涵、路径取向与分配定位：对共同富裕关键理论问题的探讨》，《华中科技大学学报》（社会科学版）第 4 期。

殷金朋、陈永立、倪志良，2019，《公共教育投入、社会阶层与居民幸福感——来自微观混合横截面数据的经验证据》，《南开经济研究》第 2 期。

俞可平，2017，《重新思考平等、公平和正义》，《学术月刊》第 4 期。

郁建兴、任杰，2021，《共同富裕的理论内涵与政策议程》，《政治学研究》第 3 期。

约翰·罗尔斯，1988，《正义论》，何怀宏等译，中国社会科学出版社。

詹姆斯·米奇利，2009，《社会发展：社会福利视角下的发展观》，苗正民译，格致出版社、上海人民出版社。

张光、Jennifer R.Wilking、于淼，2010，《中国农民的公平观念：基于村委会选举调查的实证研究》,《社会学研究》第 1 期。

张海东,2019,《理解中国社会》,社会科学文献出版社。

张书维,2017,《社会公平感、机构信任度与公共合作意向》,《心理学报》第 6 期。

张文宏、刘飞、项军,2023,《共同富裕背景下中国公众主观地位认同研究》,《社会学研究》第 4 期。

张衍,2021,《主客观地位和流动感知对公平感的影响与变化(2019~2020 年)》,载《中国社会心态研究报告(2021)》,社会科学文献出版社。

张艳芳、李灿、黄振华、贾仙,2020,《新常态下公民社会公平感的影响因素分析——基于 CGSS 2015 中国综合社会调查数据》,《经济研究导刊》第 17 期。

张野、张珊珊、冯春莹,2020,《不同程度的社会排斥情境对儿童程序公平感的影响》,《贵州师范大学学报》(自然科学版)第 4 期。

张宜民,2020,《历代民变口号诉求对社会秩序重建的启示》,《山东农业工程学院学报》第 9 期。

张应良、徐亚东,2021,《收入差距、物质渴求与伊斯特林悖论》,《贵州大学学报》(社会科学版)第 4 期。

张映芹、王青,2016,《我国城乡医疗卫生资源配置均衡性研究》,《医学与社会》第 1 期。

张永山,1992,《我国国有企业职工的公平感结构及成因分析》,《经济学动态》第 3 期。

张媛,2009,《中国青少年社会公平感的结构与测量》。

张兆曙、陈奇,2013,《高校扩招与高等教育机会的性别平等化——基于中国综合社会调查(CGSS2008)数据的实证分析》,《社会学研究》第 2 期。

赵军洁、张晓旭,2021,《中国户籍制度改革:历程回顾、改革估价和趋势判断》,《宏观经济研究》第 9 期。

郑畅、孙浩，2016，《收入、社会地位流动预期与民众社会公平认知——采用 CGSS(2010、2013) 数据的实证检验》，《西部论坛》第 5 期。

郑雄飞、黄一倬，2020，《社会公平感知对农村养老保险参与行为的影响——基于中国综合社会调查（CGSS）的实证研究》，《社会保障研究》第 5 期。

钟春平、魏文江，2021，《共同富裕：特征、成因及应对措施》，《特区实践与理论》第 6 期。

周浩、龙立荣，2015，《参照对象信息对分配公平感的影响：攀比效应与虚荣效应》，《华东师范大学学报》（教育科学版）第 2 期。

朱斌、苗大雷、李路路，2018，《网络媒介与主观公平感：悖论及解释》，《中国人民大学学报》第 6 期。

朱传耿、顾朝林、马荣华、甄峰、张伟，2001，《中国流动人口的影响要素与空间分布》，《地理学报》第 56 卷第 5 期。

朱富强，2022，《共同富裕的理论基础——效率与公平的互促性分析》，《学术研究》第 1 期。

二　英文文献

Andersen, R., and S. Milligan, 2009, "Inequality and Inntolerance: Canada in Cross-National Perspective." *Social Inequality in Canada: Patterns, Problems, and Policies*, edited by Grabb E. and Guppy N., Toronto: Prentice Hall.

Beck, Ulrich, and Elisabeth Beck-Gernsheim, 2001, *Individualizaion: Institutionalized Individualism and Its Social and Political Consequences*, London: SAGE.

Bies, R. J., and J. S. Moag, 1986, "Interactional Justice," *Research on Negotiations in Organizations*, edited by R.J. Lewicki, B.M. Sheppard, and M.H. Bazerman. Greenwich, CT: JAI.

Bonilla, R., 1961, "Rio's Favelas: The Rural Slum within the City." *The American Universities Field Staff Reports Service*, Vol.7, No.3.

Cheung, Felix, 2016, "Can Income Inequality Be Associated With Positive Outcomes? Hope Mediates the Positive Inequality-Happiness Link in Rural China." *Social Psychological and Personality Science*, Vol.7, No.4, doi: 10.1177/1948550615619762.

Geertz, Clifford, 1973, *The Interpretation of Cultures*. Basic Books, Inc.

Dai, B., L. Zhou, Y. J. Mei, and C. Zhan, 2014, "Regional Inequity in Financing New Cooperative Medical Scheme in Jiangsu, China," *The International Journal of Health Planning and Management*, Vol.29, No.2, doi: 10.1002/hpm.2162.

Deutsch, M., 1975, "Equity, Equality, and Need: What Determines Which Value Will Be Used as the Basis for Distributive Justice?" *Journal of Social Issues*, Vol.31.

Diemer, Matthew A., Rashmita S. Mistry, Martha E. Wadsworth, Irene López, and Faye Reimers, 2013, "Best Practices in Conceptualizing and Measuring Social Class in Psychological Research," *Analyses of Social Issues and Public Policy*, Vol.13, No.1, doi: 10.1111/asap.12001.

Durongkaveroj, Wannaphong, 2018, "Tolerance for Inequality: Hirschman's Tunnel Effect Revisited," *Journal of International Development*, Vol.30, No.7, doi: 10.1002/jid.3389.

Erikson, Robert and John H. Goldthorpe, 1993, *The Constant Flux: A Study of Class Mobility in Industrial Societies*, Oxford: Clarendon Press.

Fan, C. Cindy, 1996, "Economic Opportunities and Internal Migration: A Case Study of Guangdong Province, China," *The Professional Geographer*, Vol.48, No.1, doi: 10.1111/j.0033-0124.1996.00028.x.

Fan, C. Cindy, 2005, "Interprovincial Migration, Population Redistribution, and Regional Development in China: 1990 and 2000 Census Comparisons," *The Professional Geographer*, Vol.57, No.2, doi: 10.1111/j.0033-0124.2005.00479.x.

Robert, Folger, and Russell Cropanzano, 2011, "Fairness Theory: Justice as

Accountability," *Advances in Organizational Justice*, edited by Greenberg J. and Cropanzano R., Stanford: Stanford University Press.

Gijsberts, M., 2002, "The Legitimation of Income Inequality in State-Socialist and Market Societies," *Acta Sociologica*, Vol.45, No.4.

Greenberg, Jerald, 1986, "Determinants of Perceived Fairness of Performance Evaluation," *Journal of Applied Psychology*, Vol.71, No.2.

Han, Chunping, 2007, "Rural-Urban Cleavages in Perceptions of Inequality in Contemporary China," Doctor, Harvard University, Harvard.

Hirschman, Albert O., and Michael Rothschild, 1973, "The Changing Tolerance for Income Inequality in the Course of Economic Development," *The Quarterly Journal of Economics*, Vol.87, No.4, doi: 10.23943/princeton/9780691159904.003.0004.

Hoff, Erika, and Brett Laursen, 2019, "Socioeconomic Status and Parenting." *Handbook of Parenting*, Routledge.

Hout, Michael, and Thomas A. DiPrete, 2006, "What We Have Learned: RC28's Contributions to Knowledge about Social Stratification," *Research in Social Stratification and Mobility*, Vol.24, No.1, doi: 10.1016/j.rssm.2005.10.001.

Jing, Shanshan, Aitian Yin, Lizheng Shi, and Jinan Liu, 2013, "Whether New Cooperative Mmedical Schemes Reduce the Economic Burden of Chronic Disease in Rural China," *PloS One*, Vol.8, No.1, doi: 10.1371/journal.pone.0053062.

Jost, John T., and Diana Burgess, 2000, "Attitudinal Ambivalence and the Conflict between Group and System Justification Motives in Low Status Groups," *Personality and Social Psychology Bulletin*, Vol.26, No.3, doi: 10.1177/0146167200265003.

Jost, John T., Mahzarin R. Banaji, and Brian A. Nosek, 2004, "A Decade of System Justification Theory: Accumulated Evidence of Conscious and Unconscious Bolstering of the Status Quo," *Political Psychology*, Vol.25.

Kelley, Jonathan, and M. D. R. Evans, 1993, "The Legitimation of Inequality:

Occupational Earnings in Nine Nations," *American Journal of Socioloty*, Vol.99, No.1.

Kuznets, Simon, 1955, "Economic Growth and Income Inequality," *The American Economic Review*, Vol.45, No.1.

Liang, Ying, and Peiyi Lu, 2014, "Medical Insurance Policy Organized by Chinese Government and the Health Inequity of the Elderly: Longitudinal Comparison Based on Effect of New Cooperative Medical Scheme on Health of Rural Elderly in 22 Provinces and Cities," *International Journal for Equity in Health*, Vol.13, No.37, doi: 10.1186/1475-9276-13-37.

Lin, H. Y., 2011, "Benchmarking Outputs of Pension Provisions in China, Hong Kong, Singapore and Taiwan: An SMOP Approach," *Asian Journal of Social Science*, Vol.39, No.3, doi: 10.1163/156853111X577604.

Liu, H., X. Han, Q. Xiao, S. Li, and M. W. Feldman, 2015, "Family Structure and Quality of Life of Elders in Rural China: The Role of the New Rural Social Pension," *Journal of Aging and Social Policy*, Vol.27, No.2.

Liu, Ye, John Stillwell, Jianfa Shen, and Konstantinos Daras, 2014, "Interprovincial Migration, Regional Development and State Policy in China, 1985–2010," *Applied Spatial Analysis and Policy*, Vol.7, No.1, doi: 10.1007/s12061-014-9102-6.

Miles, E., J. Hatfield, and R. Huseman, 1994, "Equity Sensitivity and Outcome Importance," *Journal of Organizational Behavior*, No.15.

Ng, S. H., and M. W. Allen, 2005, "Perception of Economic Distributive Justice: Exploring Leading Theories," *Social Behavior and Personality*, Vol.33, No.5.

OECD, 2019, *Society at a Glance 2019: OECD SOCIAL INDICATORS*, Paris: OECD Publishing.

Powdthavee, Nattavudh, Richard V. Burkhauser, and Jan-Emmanuel De Neve, 2017, "Top Incomes and Human Well-Being: Evidence from the

Gallup World Poll," *Journal of Economic Psychology*, Vol.62, doi: 10.1016/j.joep.2017.07.006.

D.'Andrade, Roy G., 1984, "Cultural Meaning System," *Culture Theory: Essays on Mind, Self, and Emotion*, edited by R. Shweder and R. Levine, Cambridge.

Robinson, Robort V., and Wendell Bell, 1978, "Equality, Success, and Social Justice in England and the United States," *American Sociological Review*, Vol.43, No.2.

Stouffer, S. A., 1955, *Communism, Conformity, and Civil Liberties*, Garden City, NY: Doubleday.

Senik, C., 2004, "When Information Dominates Comparison: Learning From Russian Subjective Panel Data," *Journal of Public Economics*, Vol.88.

Senik, C., 2008, "Ambition and Jealousy: Income Interactions in the 'Old' Europe versus the 'New' Europe and the United States," *Economica*, Vol.75.

Shen, C., and J. B. Williamson, 2010, "China's New Rural Pension Scheme: Can It Be Improved?" *International Journal of Sociology and Social Policy*, Vol.30, No.5/6.

Shen, Jianfa, 1996, "Internal Migration and Regional Population Dynamics in China," *Progress in Planning*, Vol.45, No.3, doi: 10.1016/0305-9006(96)00002-5.

Shrout, Patrick E., and Joseph L. Fleiss, 1979, "Intraclass Correlations: Uses in Assessing Rater Reliability," *Psychological Bulletin*, Vol.86, No.2, doi: 10.1037/0033-2909.86.2.420.

Thibaut, J., and L. Walker, 1975, *Procedural Justice*, Hillsdale, NJ: Erlbaum.

Tyler, Tom R., 2012, "Justice Theory", *Handbook of Theories of Social Psychology*, edited by Paul A. M. Van Lange, Arie W. Kruglanski, and E. Tory Higgins, SAGE.

Wood, Joanne V., 1996, "What Is Social Comparison and How Should We Study It?" *Personality and Social Psychology Bulletin*, Vol.22, No.5.

World Inequality Lab, 2017, World Inequality Report 2018.

Wu, Xiaogang, 2009, "Income Inequality and Distributive Justice: A Comparative Analysis of Mainland China and Hong Kong," *The China Quarterly*, Vol.200, doi: 10.1017/S0305741009990610.

Yuan, Shasha, Clas Rehnberg, Xiaojie Sun, Xiaoyun Liu, and Qingyue Meng, 2014, "Income Related Inequalities in New Cooperative Medical Scheme: A Five-Year Empirical Study of Junan County in China," *International Journal for Equity in Health*, Vol.13, No.38. doi: 10.1186/1475-9276-13-38.

Zhang, Kevin Honglin, and Shunfeng Song, 2003, "Rural‐Urban Migration and Urbanization in China: Evidence from Time-Series and Cross-Section Analyses," *China Economic Review*, Vol.14, No.4, doi: 10.1016/j.chieco.2003.09.018.

Zhang, W., and D. Tang, 2008, "The New Rural Social Pension Insurance Programme of Baoji City: New Initiative for Chinese Pension Schemes," *Help Age International*, Retrieved (http://www.eldis.org/go/home&id=39002&type=Document#.WLzR3I9OI2x).

附录　分时期 CGSS 样本特征

时期	变量	N	平均数	标准差	最小值	最大值
2010年	公平感	10739	2.95	1.08	1	5
	男性	10739	0.48	0.50	0	1
	年龄	10739	44.56	13.37	18	70
	18—20岁	10739	0.03	0.17	0	1
	21—30岁	10739	0.15	0.35	0	1
	31—40岁	10739	0.22	0.41	0	1
	41—50岁	10739	0.25	0.43	0	1
	51—60岁	10739	0.21	0.41	0	1
	61—70岁	10739	0.14	0.35	0	1
	东部地区	10739	0.40	0.49	0	1
	中部地区	10739	0.38	0.49	0	1
	西部地区	10739	0.22	0.41	0	1
	城镇	10739	0.61	0.49	0	1
	农业户口	10714	0.52	0.50	0	1
	非农户口	10714	0.43	0.50	0	1
	居民户口	10714	0.05	0.21	0	1
	受教育年限	10732	9.08	4.43	0	19
	小学及以下	10732	0.33	0.47	0	1
	初中	10732	0.31	0.46	0	1
	高中	10732	0.20	0.40	0	1
	本专科	10732	0.16	0.36	0	1

续表

时期	变量	N	平均数	标准差	最小值	最大值
2010年	研究生	10732	0.01	0.09	0	1
	少数民族	10721	0.90	0.29	0	1
	有宗教信仰	10739	0.13	0.33	0	1
	共产党员	10729	0.12	0.32	0	1
	已婚	10735	0.83	0.38	0	1
	健康状况	10729	3.68	1.09	1	5
	目前没有工作	10736	0.32	0.47	0	1
	目前务农	10736	0.26	0.44	0	1
	目前从事非农工作	10736	0.43	0.49	0	1
	非农工作ISEI编码	4420	42.09	15.05	16	90
	家庭人均年收入的对数	9448	9.08	1.25	0	14.85
	主观地位认同	10703	4.06	1.72	1	10
2011年	公平感	5041	3.07	1.08	1	5
	男性	5041	0.46	0.50	0	1
	年龄	5041	45.10	13.59	18	70
	18—20岁	5041	0.03	0.16	0	1
	21—30岁	5041	0.15	0.36	0	1
	31—40岁	5041	0.20	0.40	0	1
	41—50岁	5041	0.24	0.43	0	1
	51—60岁	5041	0.23	0.42	0	1
	61—70岁	5041	0.15	0.36	0	1
	东部地区	5041	0.36	0.48	0	1
	中部地区	5041	0.43	0.50	0	1
	西部地区	5041	0.21	0.41	0	1
	城镇	5041	0.58	0.49	0	1
	农业户口	5039	0.57	0.50	0	1
	非农户口	5039	0.37	0.48	0	1
	居民户口（以前是非农户口）	5039	0.02	0.15	0	1
	居民户口（以前是农业户口）	5039	0.04	0.19	0	1

续表

时期	变量	N	平均数	标准差	最小值	最大值
2011年	受教育年限	5041	8.94	4.35	0	19
	小学及以下	5041	0.33	0.47	0	1
	初中	5041	0.33	0.47	0	1
	高中	5041	0.19	0.39	0	1
	本专科	5041	0.14	0.35	0	1
	研究生	5041	0.01	0.09	0	1
	少数民族	5033	0.95	0.22	0	1
	有宗教信仰	5041	0.11	0.31	0	1
	共产党员	5024	0.10	0.30	0	1
	已婚	5038	0.82	0.38	0	1
	健康状况	5021	2.87	1.17	1	5
	目前没有工作	5026	0.30	0.46	0	1
	目前务农	5026	0.28	0.45	0	1
	目前从事非农工作	5026	0.42	0.49	0	1
	非农工作ISEI编码	2059	42.19	15.70	16	88
	家庭人均年收入的对数	4457	9.10	1.26	0	13.82
	主观地位认同	5032	4.13	1.79	1	10
2012年	公平感	10469	3.02	1.07	1	5
	男性	10469	0.51	0.50	0	1
	年龄	10469	45.53	13.64	18	70
	18—20岁	10469	0.03	0.17	0	1
	21—30岁	10469	0.14	0.35	0	1
	31—40岁	10469	0.19	0.39	0	1
	41—50岁	10469	0.26	0.44	0	1
	51—60岁	10469	0.21	0.41	0	1
	61—70岁	10469	0.16	0.37	0	1
	东部地区	10469	0.40	0.49	0	1
	中部地区	10469	0.38	0.49	0	1
	西部地区	10469	0.22	0.41	0	1

附录
分时期 CGSS 样本特征

续表

时期	变量	N	平均数	标准差	最小值	最大值
2012 年	城镇	10447	0.60	0.49	0	1
	农业户口	10453	0.54	0.50	0	1
	非农户口	10453	0.36	0.48	0	1
	居民户口（以前是非农户口）	10453	0.06	0.24	0	1
	居民户口（以前是农业户口）	10453	0.03	0.18	0	1
	受教育年限	10468	9.14	4.42	0	19
	小学及以下	10468	0.33	0.47	0	1
	初中	10468	0.30	0.46	0	1
	高中	10468	0.20	0.40	0	1
	本专科	10468	0.17	0.37	0	1
	研究生	10468	0.01	0.07	0	1
	少数民族	10460	0.91	0.28	0	1
	有宗教信仰	10467	0.14	0.35	0	1
	共产党员	10445	0.11	0.31	0	1
	已婚	10469	0.82	0.38	0	1
	健康状况	10465	3.62	1.06	1	5
	目前没有工作	10467	0.31	0.46	0	1
	目前务农	10467	0.25	0.43	0	1
	目前从事非农工作	10467	0.44	0.50	0	1
	非农工作 ISEI 编码	4482	42.06	14.86	16	90
	家庭人均年收入的对数	9273	9.32	1.23	0	13.46
	主观地位认同	10427	4.18	1.69	1	10
2013 年	公平感	10194	2.97	1.04	1	5
	男性	10194	0.50	0.50	0	1
	年龄	10194	45.23	13.84	18	70
	18—20 岁	10194	0.03	0.18	0	1
	21—30 岁	10194	0.15	0.35	0	1
	31—40 岁	10194	0.20	0.40	0	1
	41—50 岁	10194	0.24	0.43	0	1

续表

时期	变量	N	平均数	标准差	最小值	最大值
2013年	51—60 岁	10194	0.21	0.41	0	1
	61—70 岁	10194	0.16	0.37	0	1
	东部地区	10194	0.40	0.49	0	1
	中部地区	10194	0.39	0.49	0	1
	西部地区	10194	0.21	0.41	0	1
	城镇	10194	0.62	0.49	0	1
	农业户口	10172	0.56	0.50	0	1
	非农户口	10172	0.36	0.48	0	1
	居民户口（以前是非农户口）	10172	0.04	0.19	0	1
	居民户口（以前是农业户口）	10172	0.04	0.20	0	1
	受教育年限	10190	9.26	4.40	0	19
	小学及以下	10190	0.31	0.46	0	1
	初中	10190	0.31	0.46	0	1
	高中	10190	0.20	0.40	0	1
	本专科	10190	0.17	0.37	0	1
	研究生	10190	0.01	0.09	0	1
	少数民族	10185	0.91	0.28	0	1
	有宗教信仰	10187	0.11	0.31	0	1
	共产党员	10136	0.10	0.29	0	1
	已婚	10173	0.81	0.39	0	1
	健康状况	10192	3.79	1.05	1	5
	目前没有工作	10192	0.32	0.47	0	1
	目前务农	10192	0.23	0.42	0	1
	目前从事非农工作	10192	0.45	0.50	0	1
	非农工作 ISEI 编码	4409	41.90	14.83	16	90
	家庭人均年收入的对数	8889	9.47	1.22	0	13.3
	主观地位认同	10161	4.34	1.67	1	10
2015年	公平感	9395	3.15	1.01	1	5
	男性	9395	0.47	0.50	0	1

续表

时期	变量	N	平均数	标准差	最小值	最大值
2015年	年龄	9395	46.48	14.17	18	70
	18—20岁	9395	0.03	0.17	0	1
	21—30岁	9395	0.15	0.35	0	1
	31—40岁	9395	0.16	0.37	0	1
	41—50岁	9395	0.24	0.43	0	1
	51—60岁	9395	0.22	0.41	0	1
	61—70岁	9395	0.20	0.40	0	1
	东部地区	9395	0.40	0.49	0	1
	中部地区	9395	0.40	0.49	0	1
	西部地区	9395	0.21	0.40	0	1
	城镇	9395	0.59	0.49	0	1
	农业户口	9377	0.57	0.49	0	1
	非农户口	9377	0.26	0.44	0	1
	居民户口（以前是非农户口）	9377	0.10	0.30	0	1
	居民户口（以前是农业户口）	9377	0.07	0.25	0	1
	受教育年限	9374	9.15	4.52	0	19
	小学及以下	9374	0.33	0.47	0	1
	初中	9374	0.30	0.46	0	1
	高中	9374	0.19	0.39	0	1
	本专科	9374	0.16	0.37	0	1
	研究生	9374	0.01	0.11	0	1
	少数民族	9378	0.92	0.27	0	1
	有宗教信仰	9280	0.10	0.31	0	1
	共产党员	9357	0.09	0.29	0	1
	已婚	9395	0.80	0.40	0	1
	健康状况	9391	3.69	1.05	1	5
	目前没有工作	9395	0.37	0.48	0	1
	目前务农	9395	0.21	0.41	0	1
	目前从事非农工作	9395	0.42	0.49	0	1

续表

时期	变量	N	平均数	标准差	最小值	最大值
2015年	非农工作ISEI编码	3657	41.90	15.81	16	90
	家庭人均年收入的对数	8607	9.50	1.59	0	16.03
	主观地位认同	9322	4.31	1.63	1	10
2017年	公平感	10584	3.05	1.06	1	5
	男性	10584	0.47	0.50	0	1
	年龄	10584	47.00	14.26	18	70
	18—20岁	10584	0.03	0.17	0	1
	21—30岁	10584	0.14	0.35	0	1
	31—40岁	10584	0.17	0.37	0	1
	41—50岁	10584	0.21	0.41	0	1
	51—60岁	10584	0.23	0.42	0	1
	61—70岁	10584	0.22	0.41	0	1
	东部地区	10584	0.45	0.50	0	1
	中部地区	10584	0.36	0.48	0	1
	西部地区	10584	0.20	0.40	0	1
	城镇	10584	0.64	0.48	0	1
	农业户口	10538	0.55	0.50	0	1
	非农户口	10538	0.23	0.42	0	1
	居民户口（以前是非农户口）	10538	0.14	0.34	0	1
	居民户口（以前是农业户口）	10538	0.09	0.28	0	1
	受教育年限	10570	9.55	4.60	0	19
	小学及以下	10570	0.30	0.46	0	1
	初中	10570	0.29	0.46	0	1
	高中	10570	0.19	0.39	0	1
	本专科	10570	0.20	0.40	0	1
	研究生	10570	0.02	0.12	0	1
	少数民族	10584	0.92	0.26	0	1
	有宗教信仰	10584	0.10	0.30	0	1
	共产党员	10577	0.10	0.30	0	1

附录 分时期 CGSS 样本特征

续表

时期	变量	N	平均数	标准差	最小值	最大值
2017年	已婚	10584	0.78	0.41	0	1
	健康状况	10581	3.55	1.08	1	5
	目前没有工作	10584	0.38	0.49	0	1
	目前务农	10584	0.18	0.39	0	1
	目前从事非农工作	10584	0.43	0.50	0	1
	非农工作 ISEI 编码	4405	44.58	14.84	16	90
	家庭人均年收入的对数	9593	9.59	1.82	0	16.12
	主观地位认同	10512	4.13	1.69	1	10
2018年	公平感	10611	3.16	1.02	1	5
	男性	10611	0.47	0.50	0	1
	年龄	10611	47.56	14.23	18	70
	18—20 岁	10611	0.03	0.16	0	1
	21—30 岁	10611	0.13	0.34	0	1
	31—40 岁	10611	0.17	0.38	0	1
	41—50 岁	10611	0.21	0.41	0	1
	51—60 岁	10611	0.23	0.42	0	1
	61—70 岁	10611	0.23	0.42	0	1
	东部地区	10611	0.46	0.50	0	1
	中部地区	10611	0.36	0.48	0	1
	西部地区	10611	0.19	0.39	0	1
	城镇	10611	0.72	0.45	0	1
	农业户口	10581	0.56	0.50	0	1
	非农户口	10581	0.25	0.43	0	1
	居民户口（以前是非农户口）	10581	0.12	0.33	0	1
	居民户口（以前是农业户口）	10581	0.07	0.26	0	1
	受教育年限	10598	9.33	4.78	0	19
	小学及以下	10598	0.32	0.47	0	1
	初中	10598	0.28	0.45	0	1
	高中	10598	0.19	0.40	0	1

续表

时期	变量	N	平均数	标准差	最小值	最大值
2018年	本专科	10598	0.19	0.39	0	1
	研究生	10598	0.02	0.12	0	1
	少数民族	10611	0.93	0.26	0	1
	有宗教信仰	10611	0.10	0.30	0	1
	共产党员	10591	0.10	0.30	0	1
	已婚	10611	0.78	0.41	0	1
	健康状况	10606	3.62	1.06	1	5
	目前没有工作	10611	0.40	0.49	0	1
	目前务农	10611	0.18	0.38	0	1
	目前从事非农工作	10611	0.43	0.49	0	1
	非农工作ISEI编码	4344	44.37	15.06	16	90
	家庭人均年收入的对数	9497	9.63	1.83	0	15.33
	主观地位认同	10500	4.23	1.66	1	10
2021年	公平感	6646	3.41	0.97	1	5
	男性	6646	0.44	0.50	0	1
	年龄	6646	47.07	15.09	18	70
	18—20岁	6646	0.04	0.21	0	1
	21—30岁	6646	0.14	0.34	0	1
	31—40岁	6646	0.17	0.38	0	1
	41—50岁	6646	0.17	0.38	0	1
	51—60岁	6646	0.25	0.43	0	1
	61—70岁	6646	0.23	0.42	0	1
	东部地区	6646	0.40	0.49	0	1
	中部地区	6646	0.40	0.49	0	1
	西部地区	6646	0.20	0.40	0	1
	城镇	6646	0.57	0.49	0	1
	农业户口	6575	0.60	0.49	0	1
	非农户口	6575	0.20	0.40	0	1
	居民户口（以前是非农户口）	6575	0.11	0.31	0	1

附录
分时期 CGSS 样本特征

续表

时期	变量	N	平均数	标准差	最小值	最大值
2021 年	居民户口（以前是农业户口）	6575	0.09	0.28	0	1
	受教育年限	6634	9.94	4.53	0	19
	小学及以下	6634	0.27	0.44	0	1
	初中	6634	0.29	0.46	0	1
	高中	6634	0.20	0.40	0	1
	本专科	6634	0.22	0.42	0	1
	研究生	6634	0.02	0.13	0	1
	少数民族	6646	0.92	0.26	0	1
	有宗教信仰	6646	0.07	0.26	0	1
	共产党员	6637	0.11	0.31	0	1
	已婚	6646	0.73	0.45	0	1
	健康状况	6642	3.58	1.06	1	5
	目前没有工作	6646	0.44	0.50	0	1
	目前务农	6646	0.15	0.36	0	1
	目前从事非农工作	6646	0.40	0.49	0	1
	非农工作 ISEI 编码	2538	45.59	14.10	19	90
	家庭人均年收入的对数	5241	9.57	2.09	0	15.42
	主观地位认同	6485	4.26	1.81	1	10

后 记

这本书一开始写作的野心是很大的，从各个标题中大概也能窥见一二，奈何能力有限，写到后来一改再改，最后只能自我安慰"先完成吧，放过自己"。所以，未来再努力吧，我先放过自己了。本书有太多不尽如人意的地方，也有太多缺陷和问题，在此不一一罗列了。只想解释一下，如果读者对于为什么有的章节这样分析，有的章节那样分析有所不解，那是因为我做过太多的分析，最后写到书里的，是在结果上而言比较有意义的（不是取决于统计上是否显著）。还有的地方，想做某个分析，但找不到相应数据，也只能放弃。但是因为一本书里，没办法把太多细枝末节的各种各样分析和思路都写上，所以各章节所呈现的分析逻辑有所差异。

另外，本书是一本定量分析的书，不过我始终相信"尽信数据，不如无数据"，虽然在整个分析过程中，我都是忠于数据和结果的，但是我也认为有些数据结果有些奇怪。这当然有抽样本身、问卷调查过程、数据分析方法等诸多因素的影响，也可能这就是现实，或许需要补充更多定性分析和实地调研的结果才能知晓。而读者的反馈其实也可算是一种定性分析，例如，如果对某个结果很多读者都认为与自己感受到的社会现实不同，那它大概率是有问题的。从这个意义上来说，我希望这本书是一本互动的书，作为我的第一本专著，能以此为一句"您好"，开启与更多学者和社会人士就如何促进社会公平、提高民众公平感的交流和探讨。

本书的顺利出版，离不开我的博士后合作导师王俊秀研究员的鼎力

后 记

支持，王老师严谨的治学态度、跨学科的视野与扎实的理论基础，永远是我学习的榜样。感谢我在中国社会科学院社会学研究所的同门和同事陈满琪、应小萍、高文珺、谭旭运、张跃、云庆等的帮助，在社会心态和共同富裕的研究之路一起前行。感谢中国社会科学出版社喻苗和魏厚宾两位老师的支持与细致工作，才使得本书得以与读者见面。同时感谢家人的理解和后方支持，让我能更全身心地投入到本书的写作之中。本书相关研究曾在一些会议上进行报告，感谢对此提出意见的各位专家及其他多位匿名专家，您们的意见使得本书能够更为完善。感谢中国人民大学中国综合社会调查无私地分享数据，这些数据是本书的基础。最后，感谢中国社会科学院和社会学研究所领导的支持，在此工作的三年是我成长最快的三年，从心理学研究能够顺利转型到社会学研究，离不开院所领导和同事的指导与帮助。还有许多感激之情，无以言表，铭记于心。

张　衍
2023 年 9 月于北京